# O COLECIONADOR
# DE EMOÇÕES

Leonardo Castelo Branco

# O COLECIONADOR DE EMOÇÕES
## A VIDA DE OSCAR MARONI

© 2017 - Leonardo Castelo Branco
Direitos em língua portuguesa para o Brasil:
Matrix Editora
www.matrixeditora.com.br

**Diretor editorial**
Paulo Tadeu

**Capa, projeto gráfico e diagramação**
Allan Martini Colombo

**Foto da capa**
Fabio Braga/Folhapress

**Revisão**
Silvia Parollo
Adriana Wrege

CIP-BRASIL - CATALOGAÇÃO NA PUBLICAÇÃO
SINDICATO NACIONAL DOS EDITORES DE LIVROS, RJ

Castelo Branco, Leonardo
O colecionador de emoções: a vida de Oscar Maroni /
Leonardo Castelo Branco -- 1. ed. -- São Paulo: Matrix, 2017. il.

ISBN: 978-85-8230-326-9

I. Maroni, Oscar, 1951-. 2. Empresários - Brasil - Biografia. I. Título.

17-40970  CDD: 926.58
CDU: 929:658

# Sumário

**AGRADECIMENTOS E DEDICATÓRIA** .................. 9

**APRESENTAÇÃO**
Uma vida intensa e sem segredos...................... 11

**PRÓLOGO** ............................................ 15

**PARTE I**
O menino e seus fascínios............................. 19
Cidade grande........................................ 23
A descoberta do sexo................................. 30
O homem e seus princípios............................ 35

**PARTE II**
Com uma, com duas .................................. 47
As regras e a vocação ............................... 51
Ele encontra o amor.................................. 54
Ter e perder ........................................ 62

**PARTE III**

A profecia do futuro magnata . . . . . . . . . . . . . . . . . . . . . . . . . . . . 69
O Romys Massagem . . . . . . . . . . . . . . . . . . . . . . . . . . . . . . . . . . . . 74
Conflito interno . . . . . . . . . . . . . . . . . . . . . . . . . . . . . . . . . . . . . . . . 78

**PARTE IV**

Mulheres protagonistas . . . . . . . . . . . . . . . . . . . . . . . . . . . . . . . . . 81
Casos do consultório . . . . . . . . . . . . . . . . . . . . . . . . . . . . . . . . . . . 84

**PARTE V**

King House, Baco's e Afrodite . . . . . . . . . . . . . . . . . . . . . . . . . . . . 91
Afinal, quem manda mais? . . . . . . . . . . . . . . . . . . . . . . . . . . . . . . 95
O primeiro Bahamas Club . . . . . . . . . . . . . . . . . . . . . . . . . . . . . . 101

**PARTE VI**

O novo Bahamas . . . . . . . . . . . . . . . . . . . . . . . . . . . . . . . . . . . . . 107
Em busca da terra . . . . . . . . . . . . . . . . . . . . . . . . . . . . . . . . . . . . 109
Noites obscuras depois do sucesso . . . . . . . . . . . . . . . . . . . . . 110
Os cinco mandamentos . . . . . . . . . . . . . . . . . . . . . . . . . . . . . . . 112
Força . . . . . . . . . . . . . . . . . . . . . . . . . . . . . . . . . . . . . . . . . . . . . . 118
O prenúncio do castigo . . . . . . . . . . . . . . . . . . . . . . . . . . . . . . . 120

**PARTE VII**

Ele pensa, ele publica . . . . . . . . . . . . . . . . . . . . . . . . . . . . . . . . . 125
O editor festivo e fanfarrão . . . . . . . . . . . . . . . . . . . . . . . . . . . . 129
Entre lutas e lutadores . . . . . . . . . . . . . . . . . . . . . . . . . . . . . . . . 138

De brigões a lutadores . . . . . . . . . . . . . . . . . . . . . . . . . . . . . . . . 142
Repreensão ou repressão? . . . . . . . . . . . . . . . . . . . . . . . . . . . . 146
Histórias do ringue . . . . . . . . . . . . . . . . . . . . . . . . . . . . . . . . . . 147
O começo do fim . . . . . . . . . . . . . . . . . . . . . . . . . . . . . . . . . . . 151

## PARTE VIII

O alvo das acusações . . . . . . . . . . . . . . . . . . . . . . . . . . . . . . . 153
A antítese de Maroni . . . . . . . . . . . . . . . . . . . . . . . . . . . . . . . . 158
Denúncias e corrupção . . . . . . . . . . . . . . . . . . . . . . . . . . . . . . 160
Cerco e perseguição . . . . . . . . . . . . . . . . . . . . . . . . . . . . . . . . 162
A vida na encruzilhada . . . . . . . . . . . . . . . . . . . . . . . . . . . . . . 163
Para superar as grades . . . . . . . . . . . . . . . . . . . . . . . . . . . . . . 166
Revolta na cadeia . . . . . . . . . . . . . . . . . . . . . . . . . . . . . . . . . . 168
O consolo poderia vir das urnas . . . . . . . . . . . . . . . . . . . . . . . 171
A pior fase da vida . . . . . . . . . . . . . . . . . . . . . . . . . . . . . . . . . 175
A esperança está no futuro . . . . . . . . . . . . . . . . . . . . . . . . . . . 180
Desforra . . . . . . . . . . . . . . . . . . . . . . . . . . . . . . . . . . . . . . . . . 186

## RELIGIÃO

O magnata do prazer quer deixar seguidores . . . . . . . . . . . . 189

## EPÍLOGO . . . . . . . . . . . . . . . . . . . . . . . . . . . . . . . . . . . . . . . . 193

## APÊNDICE . . . . . . . . . . . . . . . . . . . . . . . . . . . . . . . . . . . . . . 195

# AGRADECIMENTOS E DEDICATÓRIA

É injustiça dizer que o livro é apenas do autor. Ele só foi possível porque um time se formou nos bastidores por três longos anos. Serei eternamente grato, neste e no próximo plano, à Pricilla Favero, por enxergar que eu era a pessoa certa para escrevê-lo. Ela botou os olhos em mim e disse, enfatizando cada sílaba: "É você". O mundo precisa de mais pessoas assim: ao mesmo tempo sonhadoras e pragmáticas, sem medo de arriscar. Obrigado novamente, por carregar sempre um sorriso e palavras reconfortantes para os maus momentos e um copo de cerveja para os bons.

Caio Del Roveri e Thiago Maia, meus dois melhores amigos, viram o começo e o meio do processo, mas, infelizmente, não estão mais aqui para ver como ficou o produto final. Só queria dizer uma coisa para vocês, onde quer que estejam: eu consegui.

*Leonardo Castelo Branco*

Agradeço a minha ex-esposa, Marisa Vaccari Maroni, aos meus filhos, Aritana, Aruã, Aratã e Acauã, aos meus funcionários e a outras mulheres que eu tanto amei e que me acompanharam nesses momentos dificílimos da minha vida de tanta injustiça e perseguição.

Agradeço aos meus advogados, que foram também meus amigos em momentos tão delicados: drs. Leonardo Pantaleão, Leonardo Missaci,

José Thales Solon de Mello, Mauro Otávio Nacif, Alexandre Bérgamo e Márcio Thomaz Bastos (*in memoriam*).

E a minha secretária Danielle, que tem tido tanta paciência comigo ao longo destes anos.

Dedico esta obra ao meu pai, à minha mãe, aos meus irmãos e aos meus netos Manuela e Igor. E também aos advogados, principalmente os criminalistas, e aos juízes que fazem parte do lado saudável da Justiça brasileira. Como sempre digo, o bom médico cura quase todas as doenças do físico, eliminando as dores do paciente. O bom advogado consegue curar a dor que mais dói na alma: a da injustiça.

*Oscar Maroni*

# APRESENTAÇÃO
## Uma vida intensa e sem segredos

Este livro conta a história de Oscar Maroni Filho.

A criança questionadora, o adolescente inquieto, o jovem que descobre o prazer, o adulto empreendedor. O vendedor de cachorro-quente, o psicólogo, o empresário do entretenimento adulto, o fazendeiro pecuarista, o editor de revistas, o promotor de lutas, o político. O homem que vive em busca de emoções e que não deixa de sonhar. O intenso. O radical. O *showman*. O pai de família, o amante, o profissional obstinado.

Oscar Maroni, simplesmente Oscar para os mais próximos, simplesmente Maroni para a sociedade. Que também é Dom Maroni. Que também se tornou Doutor Bahamas. Para muitos, um cafetão. Dos maiores, se não o maior. De acordo com ele, um homem que ama as prostitutas, "todas elas", pois são "a melhor das invenções da humanidade".

No imaginário popular, Maroni é a personificação do sexo. É o homem-polêmica, o ousado desafiante da moral e dos bons costumes, o idiossincrático. Quase o anticristo. Admito que era o que eu também pensava, até conhecê-lo profundamente. Essa percepção, entretanto, começou a mudar logo no primeiro dia em que o encontrei, em novembro de 2014.

As longas sessões de entrevistas que serviram como apuração para este livro começaram em uma terça-feira ensolarada, às 9 horas da manhã, no escritório em que Maroni dá expediente diário, em seu Bahamas Hotel Club, na Rua dos Chanés, em Moema, bairro da zona sul de São Paulo.

Em minha mente passeava uma sóbria ansiedade; na barriga, sentia um frio psicológico. Enquanto o aguardava no *hall* de entrada, folheando uma edição antiga da sacana revista *Hustler*, ficava imaginando que não era para menos: afinal, são poucos os que têm a oportunidade de uma experiência assim. Dentro de instantes, o mais famoso empresário do sexo começaria a abrir suas recônditas histórias de vida para mim, meu gravador, meu bloquinho e minha caneta.

Quem primeiro me recebeu foi Cícero, funcionário da casa desde o início dos anos 1990. Simpatia única, daqueles homens cuja lealdade é visível, transbordante. Em uma tentativa de quebrar o gelo daquele contato inicial, perguntei a ele como era trabalhar com o patrão que tinha. Cícero sorriu. Disse que tinha um orgulho danado.

Minutos depois, chegou Maroni. Alto, careca, imponente. Com voz grossa, me cumprimentou. A imagem era idêntica àquela que eu já conhecia – da televisão e dos jornais. Entretanto, ele estava cansado. E isso ficava claro em suas feições. Chegou esbravejando com um homem alto e robusto – depois vim a saber que era um de seus filhos, Aratã.

A razão da desavença era um parafuso que estava solto na porta de entrada do Bahamas. Perfeccionista, Maroni não admitia que essas falhas passassem e tivessem de ser averiguadas sempre por ele. Se várias pessoas já haviam atravessado aquela entrada antes dele naquela manhã, como ninguém tinha notado a falta do parafuso? Aratã e Cícero correram lá para resolver.

Porta arrumada, o semblante de Maroni mudou completamente. Estava leve. Estava pronto. Ele começaria a falar, falar, falar. E eu a ouvir. Foram dois anos de encontros periódicos, cujas informações acabariam completadas e confirmadas por conversas com outras pessoas e pesquisas em reportagens e documentos.

Nesse período, comi pão de queijo com ele e a mulher, Márcia, em sua casa e estive diversas vezes em seu escritório decorado com fotos de família e livros, muitos livros – que vão da psicologia ao *Kama Sutra*. Também conversamos muitas vezes em torno da mesinha de centro do Bahamas, rodeados de um mar de avantajadas e exuberantes bundas, certamente as mais bonitas que já vi em toda a minha vida.

Durante a convivência com o empresário aconteceram coisas que nos transformariam para sempre. Eu fui a única pessoa a testemunhar sua última conversa com o pai, também Oscar – que morreria uma semana após esse encontro, em decorrência de um tombo em casa, aos 94 anos. Foi um papo animado e leve, em que ambos demonstraram o carinho cultivado ao longo dos anos, uma amizade nutrida com admiração mútua desde que Maroni era uma criança travessa a acompanhar os sonhos do pai. Fiquei em silêncio, absorvendo a cena com olhos de poeta e mente de jornalista.

Também me emocionei quando tive em mãos os documentos finais de um de seus julgamentos, comprovando sua inocência em 2013. O empresário me contava as agruras da prisão e descrevia de tal forma o valor da liberdade, que me pus a imaginar como muitas vezes não damos o merecido apreço a algo tão essencial à vida.

Apesar da vida cercada de luxos e prazeres, Maroni é um homem simples. Passa a imagem de homem rico, cheio de bens materiais e rodeado de mulheres estonteantes. O que, de certa forma, é verdade. Contudo, ele cultiva gostos simples, aprecia a singeleza da vida. Gosta de cozinhar sua própria comida, sentindo a textura de cada um dos ingredientes, valoriza longas conversas sobre temas banais com aqueles que o cercam e faz tudo para manter os amigos a seu lado.

Algumas vezes explode. Porque quer manter o controle sobre tudo e sobre todos, porque deseja que as coisas fiquem exatamente como quer. Senti isso na pele também, em diversos momentos das entrevistas.

Arrojado, polêmico e extravagante, Maroni também é um colecionador de problemas. Alguns são resultado de sua sinceridade, muitos de seu jeito intempestivo, os mais graves podem ser consequência do moralismo da sociedade e das leis ou de sua recusa em cumprir as regras do jogo adequadamente – julgue como quiser. É por isso que o empresário chegou longe, conquistando tudo o que conquistou. Mas é também por isso que ele mergulhou no fundo do poço inúmeras vezes – em muitas delas, ainda perde o sono em virtude de pendências de difícil resolução.

"Eu sou como a fênix. Precisei renascer das cinzas várias vezes." Desconfio que ouvi essa frase de Maroni todas as vezes em que nos encontramos. Foi em uma dessas conversas que compreendi o significado desses depoimentos para ele. Se por um lado ele se gaba de ter ganhado todos os processos judiciais que teve de enfrentar, por outro lhe faltava uma liberdade: a da alma.

Maroni queria contar a sua versão das histórias. Eternizá-las. E, para tanto, nada melhor do que um livro.

Enquanto eu digitava cada uma dessas palavras, acabei perdendo meu próprio medo da liberdade.

Porque a história desse magnata do sexo é um emaranhado de sensações, de emoções, de ganhos – e de perdas. O resto é história. E, claro, muita safadeza.

# PRÓLOGO

Uma semana sem sexo é um verdadeiro absurdo para um homem como Oscar Maroni, que calcula já ter transado com mais de 2.500 mulheres. Naquela manhã de sábado, terceira semana consecutiva em que ele estava preso na cadeia do 13º Distrito Policial, na zona norte de São Paulo, essa abstinência era o que mais o indignava.

"Pelo menos é sábado", pensava o empresário, então com 56 anos. Sábado era o dia de visita íntima. Logo chegaria sua namorada, a publicitária Márcia Medeiros, 38 anos mais jovem que ele.

Em um cubículo reservado para isso, na verdade um banheiro, um velho colchão era o ninho do prazer. Separado do restante do ambiente por uma colcha desbotada transformada em cortina, o casal tinha ali seus 45 minutos, uma hora, no máximo, para fazer o que bem entendesse.

Era o próprio colchonete da cela de Maroni que, depois de uma sacudida para tirar o pó, acabava colocado no banheiro. Para isso, o empresário contava com os préstimos do faz-tudo que "contratou" dentro da prisão: Homero. Ele dava um jeito de deixar o cubículo minimamente higienizado e, de quebra, fazia a guarda na porta do recinto enquanto o "patrão" transava.

Para Maroni, nada disso era empecilho. Acostumado com peripécias sexuais nas situações e nos lugares mais variados, não seria uma inóspita cela um obstáculo para que ele aproveitasse os prazeres carnais. Bem-humorado, o empresário logo batizou o banheirinho de Oscar's Motel.

Aos demais presos, entretanto, a situação parecia bastante incomum: primeiro porque raros eram os detentos que ostentavam mulheres tão exuberantes e jovens como Márcia; segundo porque, se em geral esses momentos íntimos eram silenciosos e discretos, justamente por causa do ambiente hostil, invasivo e pouco reservado, Maroni parecia querer extravasar e chamar a atenção de presos e policiais.

Os gemidos do casal provocavam reações nas celas vizinhas. Havia um gosto secreto do empresário: enquanto desfrutava do corpo da companheira, podia ouvir os inconfundíveis ruídos de gente se masturbando ao redor; a percepção de que ele provocava essa atmosfera de excitação lhe dava satisfação, fazia aflorar o seu lado exibicionista.

Hedonista por convicção, Maroni sentia que conseguia imprimir o sexo naquele reduto inadequado para qualquer prática erótica. Era um pouco do seu Bahamas Hotel Club que ele transmitia, ao menos em sua cabeça, a cada visita íntima, a cada toque que dava em sua mulher, a cada chupada que recebia dela, a cada orgasmo que atingia, a cada orgasmo que proporcionava.

O espaço podia ser apertado. O cheiro, nada convidativo. A pouca luz da cadeia nada tinha a ver com a meia-luz sensual de uma boate ou de um motel. O ralo colchão era desconfortável. Para começar e terminar o encontro, dia e hora marcados, em total desrespeito ao relógio biológico do tesão – em que boa parte da graça está no inesperado, no natural, no tempo da vontade.

Mas Maroni penetrava Márcia tentando abstrair isso tudo, buscava imiscuir-se naquela carne, aproveitava aqueles minutos como se fossem únicos – porque, dentro da prisão que ele não fazia ideia de quantos dias, semanas ou até meses ainda iria durar, o raro sexo semanal era a única tangência com o seu mundo, aquele universo que havia ficado do lado de fora e no qual ele era o rei, o protagonista, o maioral, o sem limites.

Se limite era o que ele mais tinha dentro da cela, ultrapassar todos os limites com sua namorada lhe parecia ser a única forma de vingança. Era uma energia que Maroni gostaria de ver ecoar contra o prefeito Gilberto Kassab, em sua avaliação o grande vilão de sua carreira como empresário do entretenimento adulto. Não foram poucas as vezes em que ele imaginou o político em caricaturas vexatórias que só existiam em sua cabeça. Divertia-se com comentários e piadas que colegas de cela faziam, muitos deles afirmando que o prefeito era um homossexual enrustido.

Maroni aos 45 anos. A briga com o então prefeito Kassab tiraria muito da energia e do vigor físico do empresário.

Também desejava o mal, do seu jeito esculachado e sem medir palavras – muito menos pensamentos –, para promotores, subprefeitos, secretários municipais, policiais corruptos e moralistas em geral.

Não era para menos. Maroni se sentia o maior dos injustiçados. Essa sensação de perda, de que estavam lhe roubando ao menos dez anos de vida, isso tudo o corroía por dentro. Encontrava a paz somente quando dormia. Bastava acordar para dar de cara com o pesadelo real, o da prisão injusta. E também o pesadelo da falta de afeto – Maroni, afinal, não é apenas um ser sexual. Sentia falta do afeto corriqueiro, do abraço dos amigos, da conversa franca com desconhecidos, do sorriso dos clientes, da alegria em ver uma criança, dos afagos na alma.

Quando explodia em um violento orgasmo, Maroni recuperava a consciência de que estava preso. Se o tempo da visita havia terminado, não podia nem repetir a dose – ainda que tivesse vontade. Se quisesse transar com outra mulher, mesmo ele, de tantos relacionamentos abertos, também não podia – o regulamento da cadeia era claro e monogâmico: visita íntima só com uma mulher, só com um nome determinado. Se quisesse virar para o lado e dormir, também não podia: aquele cubículo não era só seu; outros casais utilizariam o mesmo espaço e ele teria de retornar sozinho, sem Márcia, sem mulher, para sua cela lotada – quatro beliches, mas, além dos oito ocupantes, mais uns dois ou três tinham de dormir no chão por falta de acomodação.

Quando chegou à cadeia, Maroni teve de passar os primeiros dias sem cama. Nem colchão havia. Foram umas três noites até vagar um lugar. "Era um frio de bater o queixo", recorda-se.

Das memórias tristes do cárcere, o que mais o marcou foi a mania que desenvolveu ali: mãos nas grades, olhar para o corredor, esperança para fora. A repetição da frase "Um dia essa grade vai abrir", "Um dia essa grade vai abrir", "Um dia essa grade vai abrir". E então começava a sonhar com o dia em que sairia dali, daquele lugar onde lhe faltavam o ar, a luz, o sexo e a liberdade. Naqueles momentos, ele só contava com a imaginação para tentar superar a realidade.

# PARTE I
## O menino e seus fascínios

O 27 de janeiro de 1951 seria um sábado como qualquer outro, não fosse pela inscrição de mais um capítulo nada benigno na história da humanidade. Naquela data, o governo norte-americano realizava o primeiro de uma longa série de testes nucleares no deserto de Nevada, a cerca de 150 quilômetros de Las Vegas, na costa oeste dos Estados Unidos.

Jornais da época noticiaram o fato, como era de se esperar. Mas os brasileiros não pareciam muito preocupados com bombas atômicas. Nas rodinhas de conversa locais, rendia mais assunto o Fluminense ter levado uma sova homérica do Bangu – cinco tentos a zero. Ou o fato de o Santos – ainda alguns anos antes de Pelé surgir para o futebol – ter sofrido para arrancar uma magra vitória por 2 a 1 sobre o Ypiranga, em plena Vila Belmiro.

Mas para a família Maroni, em Jundiaí, município do interior do estado de São Paulo, nada era mais importante naquele sábado. Nem bombas, nem bolas. Oscar Maroni Filho, o varão da família, havia nascido. Era um bebezão, o maior do berçário – chamava a atenção das enfermeiras do Hospital e Maternidade de Jundiaí.

Quatro anos mais novo que a primogênita Hebe Maroni, o pequeno Oscar recebeu o mesmo nome do pai, Oscar de Melo Maroni, então com 30 anos, filho de imigrantes italianos e gerente de uma fábrica de tecidos. Tecidos que também faziam parte da rotina da mãe: Maria de Lurdes Melo Maroni, que tinha 24 anos, começava a se destacar como costureira. Ela também tinha ascendência italiana: seu pai, Orlando Ferreira de Melo, foi um ambicioso imigrante que veio ao Brasil fugido da Primeira Guerra Mundial.

Os pais de Oscar Maroni quando se casaram.

Orlando recomeçou a vida no país como *office boy* da Standard Oil Company, gigante multinacional dos combustíveis, depois rebatizada como Esso – atualmente ExxonMobil. Aos poucos, o avô de Maroni foi arregaçando as mangas e mostrando que não era daqueles que se contentariam em passar a vida em baixos cargos. Ganhou a confiança de seus chefes e caiu na simpatia dos americanos que controlavam a empresa; acabou sendo convidado a estudar e trabalhar na sede da companhia, nos Estados Unidos.

A família ficou no Brasil. Mesmo a distância, Orlando mandava dinheiro e sustentava a mulher e os filhos. Algum tempo depois, quando voltou dos Estados Unidos, ocupava a poderosa posição de diretor da empresa, com autonomia para encontrar, planejar e decidir onde seriam instalados os novos postos de gasolina da marca em todo o país. Os tempos de míngua ficavam no passado – a mãe de Maroni, portanto, cresceu em meio a esse cenário de bonança econômica.

Orlando era casado com uma mulher descrita como ríspida, rabugenta e possessiva. Clara Melo era carola, daquelas que iam à missa quase todo santo dia. Tinha lá suas manias estranhas. Por exemplo, em sua casa ninguém podia entrar calçado. De terço na mão, passava noites em claro esperando que o marido voltasse de suas noitadas, de suas estripulias com as amantes. Seu maior medo era de que ele não retornasse.

Uma das memórias mais antigas de Maroni é justamente sobre um episódio vivido na casa dos avós maternos. Já era noite alta de sexta-feira e, como era praxe acontecer, nada de o avô Orlando aparecer. Clara andava de um lado para o outro, destratava qualquer empregado que surgisse à sua frente. Estava à beira de um ataque de nervos.

"Oscar, vai dormir que já está tarde!", insistia Clara, aparentemente menos por atenção ao sono do moleque, então com 6 anos de idade, e mais porque com ele dormindo era alguém a menos para se preocupar.

Serelepe, o pequeno Maroni fingiu que tinha obedecido. Na verdade, deu foi um jeito de sumir das vistas da avó. Escondido atrás de um móvel da sala, ficou lá assistindo de camarote ao desespero da velha senhora.

Naquele dia, o menino viu o que era ciúme e testemunhou uma de suas cruéis (e naturais) consequências: a vingança. Clara estava armada com sua mais afiada tesoura de costura. A quem espera um sangrento drama folhetinesco, calma: o alvo não era nenhum órgão vital do marido adúltero; a costureira mirou naquilo de que mais entendia – certeira, arrancou os braços dos ternos importados do marido, lhe ferindo ego e bolso de uma só vez. Foi uma simbólica "carnificina" em seu guarda-roupa.

Maroni ria baixinho. Não queria ser descoberto. O menino era esperto para sua idade. Tinha gosto por aquele espetáculo, sabia que o avô Orlando estava aprontando alguma das suas e, mesmo sem compreender muito bem o que acontecia, entretinha-se com aquele episódio protagonizado por sua avó ranzinza naquele quase incontrolável estado de nervos.

Para o garoto, a família era um espetáculo a ser assistido, o primeiro palco do qual podia se sentir plateia em sua vida. Desde criança, fascinava-se com as reações, das normais às intempestivas, e os comportamentos humanos. Tinha aguçado senso de humor, com uma já presente ironia, para comentar e participar do universo que via. Curioso e observador, revelava desde muito novo uma personalidade forte, com precoce grau de independência.

Como os avós eram italianos, os almoços de domingo eram momentos ideais para seus próprios shows. Prestava atenção às vozes e trejeitos exagerados dos parentes – e não raras vezes tentava imitá-los à mesa. Arrancava risos de boa parte da família, à exceção costumeira, é claro, da avó materna, que o repreendia.

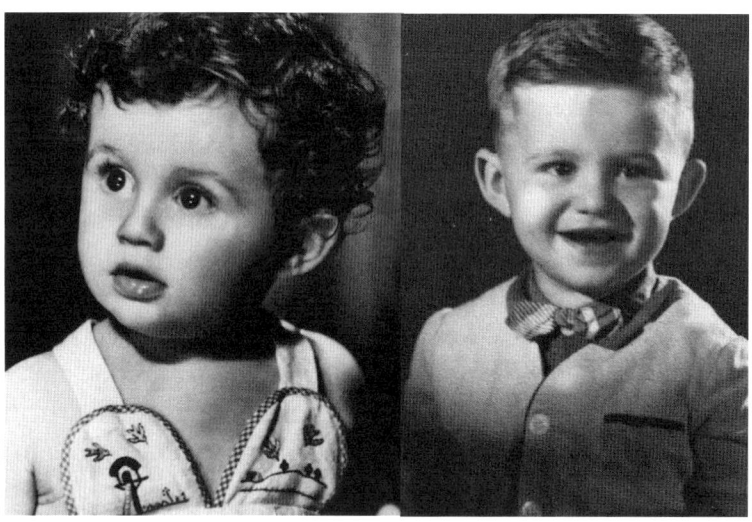

O pequeno Oscar Maroni em dois momentos da infância.

Apesar de não ser uma convivência fácil, pelo jeitão austero e sistemático de Clara, foi na casa dos avós maternos, na Avenida Dom Pedro I, no Ipiranga, na zona sul de São Paulo, que a identidade de

Maroni acabou forjada. Ele passava boa parte do dia ali. Horas e horas em frente à televisão, onde assistia aos seus programas favoritos: *As Aventuras de Rin Tin Tin* e *Repórter Esso*.

O primeiro – exibido pela TV Record e, anos mais tarde, pela TV Tupi – conta a história do menino Rusty e seu cão pastor-alemão, Rin Tin Tin. Depois de se perderem de sua família após um ataque de índios apaches, eles são salvos e adotados por soldados da cavalaria. É o ponto de partida para o seriado, em que a dupla vive grandes aventuras ao lado da patrulha, enfrentando toda a sorte de bandidos e índios.

Já o *Repórter Esso* é considerado o primeiro noticiário da televisão brasileira – uma versão canarinho do programa americano *Your Esso Reporter*. À parte a ligação do avô com a marca, o que fascinava o menino Maroni era justamente o fato alardeado nas vinhetas do programa como *slogan* – Repórter Esso era "testemunha ocular da História", e isso ficou impregnado na memória daquelas gerações de espectadores.

O *Repórter Esso* estreou na Rádio Nacional do Rio de Janeiro em 28 de agosto de 1941. Fazia uma abrangente cobertura da Segunda Guerra Mundial. Na TV, o noticiário foi ao ar pela primeira vez em 10 de abril de 1952 – inicialmente chamado de *O Seu Repórter Esso*. Sua última exibição foi em 31 de dezembro de 1970.

Na cabeça daquele menino inquieto, a TV e o rádio eram verdadeiros propulsores de imaginação e criatividade. Janelas para o mundo exterior, apresentavam para ele enredos e cenários, possibilidades e fatos. Tudo isso exercitava e acelerava sua mente. Falante e hiperativo, Maroni já era fascinado pela mídia. Chegava a passar cinco horas por dia na frente da televisão.

## Cidade grande

A família Maroni trocou Jundiaí por São Paulo graças à boa saúde financeira do avô Orlando. Com a intenção de trazer os filhos mais para perto, ele decidiu construir dois sobrados – um para cada filho – no mesmo bairro em que morava, no Ipiranga, zona sul da capital paulista.

Era 1954. Oscar Maroni tinha apenas 3 anos quando recebeu a notícia de que iriam fazer as malas, encaixotar tudo e colocar no caminhão porque iriam se mudar. Trocariam a tranquila chácara onde moravam por uma casa no número 108 da Rua Rocha Galvão, em São Paulo, a cidade grande que estava em festa pelo quarto centenário de sua fundação – então com pouco mais de 2 milhões de habitantes – e que ele só conhecia dos passeios na casa dos avós. Pior, seu melhor amigo não iria junto. Por decisão de seus pais, Rex, o vira-lata de estimação, acabaria deixado para trás. Um vizinho foi encarregado de zelar pelo animal, para desespero do garoto, que chorou por duas semanas sem parar.

Para Maroni, se havia um lado bom nessa história toda de mudança para São Paulo era o fato de que seriam vizinhos do tio. Irmão de sua mãe, Décio José de Melo era daqueles que viviam mais na fantasia do que na realidade – xodó, portanto, do menino cheio de imaginação. Considerado exótico pelos familiares, o tio adorava filmes de Hollywood. Não apenas para assistir, diga-se. Gostava tanto que queria viver a vida como se estivesse dentro de um deles – de preferência sem atentar para o fato de que, mais cedo ou mais tarde, irromperia na tela um letreiro gigante avisando *The End*.

Décio e o garoto passavam horas a fio imitando vozes e cenas de atores, arrancando risos de eventuais plateias e, é claro, gargalhando de si mesmos.

Mas a vida próxima do tio não duraria por toda a infância. Décio logo se mudou para São Vicente, na Baixada Santista, litoral paulista. Ali, comprou um apartamento no edifício Marrocos, na Praia do José Menino. Foi aclamado síndico, mas durou apenas uma noite no cargo – culpa de um excesso. Tamanha a alegria, imbuído de uma intensa síndrome do pequeno poder, no dia em que foi eleito contratou a orquestra da cidade para tocar em seu apartamento, no quarto andar. A festa avançou madrugada adentro e a inusitada experiência musical acabou atraindo uma pequena multidão de curiosos para a rua em frente ao prédio.

No dia seguinte, o que não faltava era reclamação de morador do condomínio revoltado com a conduta do síndico recém-eleito. Nem precisou de nova votação: o *impeachment* foi automático e o Marrocos de São Vicente teve na boêmia e folclórica figura de Décio José de Melo o mandato mais curto de toda a sua história administrativa. *Bon vivant* inconsequente, o tio de Maroni morreria anos depois. Sozinho e pobre.

Os tios paternos também exerciam fascínio no garoto. Chico Maroni era um grandalhão de 2 metros de altura e 120 quilos, muito brincalhão. Nascido em Birigui, na região oeste do interior paulista, era falastrão, do tipo que tinha fama de filósofo popular. Vasco Maroni, que morava em Araçatuba, na região noroeste do estado de São Paulo, era mais explosivo e questionador – e seu temperamento se revelava mais forte sobretudo se a pauta da discussão fosse política. Dirceu Maroni, o outro tio, era um metrossexual das antigas: amava cultuar o próprio corpo, mantinha uma academia particular dentro da própria casa. Passou a vida juntando as economias porque planejava rodar o país em um *trailer* quando se aposentasse – para seu desgosto, veio o Plano Collor em 1990 e confiscou sua poupança, levando ao mesmo tempo seu dinheiro e seu sonho.

O Ipiranga era um bairro em franco desenvolvimento quando os Maroni ali chegaram. Em 1947, sete anos antes da chegada da família, a inauguração da Rodovia Anchieta trouxe prosperidade à região – geograficamente privilegiada com a nova rota ao litoral. Novas indústrias e casas comerciais passaram a se instalar em suas ruas. A montadora Volkswagen é um exemplo.

É claro que eles não estavam preocupados com o lado histórico do bairro: foi ali que, em 1822, Dom Pedro I decretou o Brasil independente de Portugal. Mas, de certa forma, era um interessante paralelo, já que o contexto econômico efervescente prometido lhes daria mais independência orçamentária – ao pai de Maroni, era sempre incômodo ficar aceitando favores financeiros do sogro.

Se a história do país não estava no centro dos pensamentos do menino, a geografia do bairro era um presente para ele. Não foram poucas as peripécias infantis suas às margens plácidas do riacho do Ipiranga, o histórico riozinho entoado no Hino Nacional. Na época limpo, o rio corria entre margens recobertas de grama e de folhagens e insinuava-se sob simpáticas pinguelas.

No dia a dia, o repertório do menino era abastecido por um hábito do pai: a leitura de poemas durante as refeições. Era um arsenal vasto e eclético, que funcionava como uma espécie de higiene mental para toda a família, que observava em silêncio aqueles sentimentos serem esparramados pela mesa de jantar. Os versos iam dos compostos por bardos clássicos italianos, como Dante Alighieri e Giovanni Boccaccio, a autores viscerais do cânone brasileiro, como o paraibano Augusto dos Anjos. O preferido do velho Oscar era o poeta e novelista português José Régio. O pai declamava os versos com emoção, e nesses momentos seu sotaque italiano acentuava-se, como se isso fosse necessário para expressar sua paixão pela arte.

O menino Oscar era o mais atento nesses recitais familiares. Ele costumava colocar as mãos no rosto, olhos atentos e arregalados enquanto ouvia aquelas sílabas pronunciadas com precisão, enfatizando o ritmo de cada poema. Os versos eram seu combustível para sonhar. Maroni queria ser livre como a poesia.

São quase sinestésicas essas lembranças. Porque foi nessa rotina, com mesa farta de boa culinária italiana, que Maroni adquiriu outro costume que o acompanharia pela vida toda: o amor pela boa comida.

Servidas em uma grande mesa, as refeições da família Maroni durante a semana eram compostas de arroz, feijão, batata e, muito raramente, alguma carne – um artigo de luxo naqueles tempos, em geral reservado para os fins de semana. Sábado e domingo também eram os aguardados dias em que Maroni tomava uma garrafinha de guaraná. Não raras vezes, nessas ocasiões também havia um famoso frango assado com macarronada – especialidade de sua mãe.

Conforme foi crescendo, Maroni adquiriu a mesma hesitação dos pais – que muitas vezes se convertia em teimosia – em aceitar coisas oferecidas pelo avô Orlando. Para eles, a casa já havia sido presente em demasia, muito além do que deveria, acima de quaisquer limites de constrangimento.

Mas o começo da vida em São Paulo não foi muito fácil. O lanche diário do garoto na escola, por exemplo, era pão com azeite e sal – para variar, havia dias em que a mãe mandava pão com manteiga e açúcar.

"Não mostre seu lanche tão delicioso para nenhum de seus colegas, meu filho. Do contrário, ainda vão querer lhe roubar", dizia Maria de Lurdes, menos para iludir o filho e mais para que ele tentasse evitar chistes escolares em virtude de sua situação social precária.

Para o garoto, essas agruras monetárias não chegavam a ser um problema. Aos 9, 10 anos, ele só queria aproveitar o tempo livre para explorar o bairro e se divertir pelos arredores. Andava de bicicleta – tinha uma Caloi, a qual pedalava todo fim de tarde para buscar uma broa de milho para o café da família –, corria, jogava futebol na rua e colecionava amigos. Com a irmã Hebe, a primeira figura feminina a lhe imprimir uma indelével marca, gostava de visitar o Museu do Ipiranga e o imenso jardim que o cerca. Ali, contemplava com especial admiração, com seu olhar de criança, a cripta imperial. Construído em 1953, o espaço está abrigado dentro do Monumento à Independência, projetado pelo italiano Ettore Ximenes em 1922. A cripta foi concebida para guardar os restos mortais de Dom Pedro I e de suas duas mulheres – as imperatrizes Leopoldina e Amélia.

Apesar de ficar impressionado com essa tumba intrigante – e de fazer ilações sobre o fato de que seus avós moravam em uma avenida que tinha o mesmo nome do imperador que deveria ser ali sepultado –, vale ressaltar que quando Maroni era criança apenas Dona Leopoldina já tinha sido transferida para o histórico local. A primeira mulher do imperador brasileiro teve seus restos mortais levados para a cripta em 1954. Dom Pedro, apenas em 1972. E, por último, em 1984, Dona Amélia.

Sem piscina em casa, durante os verões os irmãos Maroni se juntavam a outras crianças e adolescentes do bairro e se banhavam nos chafarizes à frente do museu. Os seguranças sempre tentavam tirá-los de dentro da água. Como não queriam se molhar, ficavam na borda apenas mandando, impacientes, que eles saíssem i-me-dia-ta-men-te e, se possível, não apenas do espelho d'água como também de todo o perímetro daquela vetusta e respeitável instituição. Desnecessário dizer que jamais tiveram sucesso nessas inglórias empreitadas. As peripécias dos jovens Maroni já eram conhecidas por muita gente do museu – e todos os artifícios eram adotados para tentar expulsá-los de lá.

O garoto gostava de rir dos guardas; insistia que se queriam que eles saíssem da água bastava que entrassem também para tirá-los dali.

Ambos gargalhavam. Essas traquinagens infantis não serviam apenas para que o menino se tornasse *persona non grata* na instituição. Acabavam fortalecendo, de modo inquebrantável, a relação entre os irmãos, gerando uma empatia muito intensa.

Eles também gostavam de pregar peças na vizinhança. Os dois viviam pelos mercadinhos, farmácias e quitandas do Ipiranga e, enquanto faziam compras a pedido da mãe, Maria de Lurdes, fingiam ser americanos – talvez influenciados pelas reportagens com estrangeiros do *Repórter Esso*, muito provavelmente também pelo convívio com o avô, fluente em inglês, além do português e do italiano.

O menino só ficava satisfeito quando conseguiam enganar os vendedores – tarefa cada vez mais difícil, à medida que os Maroni ficavam conhecidos no bairro. Ele costumava levar brincadeiras a sério. Pesquisava em dicionários para não fazer feio no vocabulário e tentava sempre arrancar alguma expressão da boca do avô.

Também tinha senso de liderança. Mesmo sendo o caçula, repreendia duramente a irmã quando julgava que ela fazia algo errado e que poderia atrapalhar o rumo da brincadeira. Ele comandava. Tinha uma postura enérgica e exigente e sofria com a dificuldade imensa de aceitar falhas. Gritava, usava e abusava da sinceridade, hoje sua principal arma, para que a irmã fosse mais dedicada à trama do jogo.

Era comum que esbravejasse, batesse portas e esmurrasse mesas. Mas a raiva durava pouco e a briga cessava. O estado alterado passava em alguns minutos e a cólera dava lugar a um fraterno sorriso, no máximo um palavrão, sempre dito com carinho.

Esse dia a dia vivido no começo da década de 1960 alicerçou o Maroni do futuro. A relação com a família e o estilo de vida que levava acabaram influenciando-o de modo inquestionável. Maroni, de certa forma, é a síntese dos tios: o fanfarrão, o que adorava ostentar, o que cultuava o corpo, o que adorava criticar o sistema político.

Com o passar dos anos, a relação com a irmã vai se tornando mais cuidadosa. Ao contrário dos meninos de sua idade, o Maroni de 11 anos era extremamente paciente com o sexo oposto. Tinha calma suficiente para acompanhar Hebe quando ela ia à casa de uma amiga, esperando-a até o horário de voltar com ela para casa. No convívio com a irmã, ele adquire jeito com as mulheres.

Nessa época, os inseparáveis irmãos inventam uma brincadeira, sem malícia, que batizaram de "colchão". Foi uma descoberta para Maroni: a vida tinha, além de emoções, sensações. No "colchão", ambos se deitavam e ficavam rolando, um em cima do outro, se apertando como se fossem almofadas, roçando no sofá. Hebe já era uma moça. Foi o primeiro contato real de Maroni com a sexualidade.

Em um mês de julho do começo dos anos 1960, eles foram passar parte das férias escolares em Birigui, na casa do tio Chico. Durante a viagem, Hebe se apaixonou por um rapaz chamado Jaime. Os furtivos encontros ocorriam longe dos olhos da família, mas a irmã confidenciava tudo ao caçula.

No fim da temporada, quando Maria de Lurdes decretou que era hora de todos voltarem para São Paulo, a primogênita ficou toda chorosa.

– O que você tem, minha filha? – perguntou a mãe.

– Nada, mãe. É que eu não queria voltar tão cedo para a escola – Hebe limitou-se a dizer.

Sensível ao drama de Hebe, Maroni passou todo o trajeto de volta fazendo cafuné na irmã, no banco de trás do carro. Em uma parada na estrada, quando ficaram sozinhos, ela disse:

– Só nós três sabemos por que estou chorando.

Ou seja, o casal separado e o irmão inseparável.

Algumas semanas mais tarde, Jaime foi passar um fim de semana na casa de uma tia em São Paulo, em um bairro vizinho ao Ipiranga. Às escondidas, Hebe saiu para se encontrar com o namoradinho. O único que sabia do paradeiro da irmã era Maroni. Horas mais tarde, quando Maria de Lurdes já estava preocupada com o sumiço da filha, Maroni tomou a iniciativa de sair para procurar a irmã.

Encontrou-a na mercearia do bairro. Aos prantos. Nem precisou perguntar, ele já tinha percebido: se ela chorava, era porque Jaime já havia partido. Nesse momento Maroni aprendeu: mulheres, quando sofrem, necessariamente não querem ser compreendidas, querem ser abraçadas. E foi o que ele fez.

## A descoberta do sexo

No início da adolescência, tudo é infinito. Foi nessa época que Oscar Maroni começou a ter seus primeiros desejos mais fortes pelo sexo oposto. É como se o Bahamas e toda a sua filosofia hedonista estivessem surgindo em sua mente, ainda de modo embrionário.

Aos 12 anos, em uma de muitas férias que passou em Santos, no litoral paulista, com a família toda reunida, viveu um novo contato com a sexualidade. Dessa vez algo mais visceral, que ficaria para sempre gravado em sua memória.

Uma parente próxima, chamada Edna, estava com eles nessa viagem. Era uma morena esbelta, alta, vinte e poucos anos, bunda empinada num biquíni branco com detalhes de flores. Bem ousado para a época. Naquele tempo, apenas vedetes como Norma Tamar usavam trajes assim.

Ela carregava uma bolsa de praia cujo conteúdo também intrigava o menino. O que será que ela trazia ali dentro? Pensava quase em voz alta. Edna tinha uma beleza incomum. Isso mexia com o garoto, provocava sua imaginação, agitava seus hormônios juvenis. Ele a observava de ponta a ponta, entre fascinado e curioso. No fundo, queria fazer a brincadeira do "colchão" com ela, mas dessa vez com malícia. Mesmo ela tendo mais que o dobro de sua idade.

Houve um dia em que seus pais tinham um compromisso, mas Maroni queria ficar na praia – para ele, o sol estava bonito demais para ser desperdiçado em outro lugar. Ficou ali com Edna. Era a Praia do José Menino, na divisa de Santos com São Vicente. Eles estavam em frente à Ilha de Urubuqueçaba.

Edna disse que queria conhecer um dos transatlânticos aportados na praia. Era um navio imenso, chamado *Federico C*.

"Vem comigo?", Edna convidou.

A bordo, Maroni notou certa distância da parente. Ela demonstrava intimidade com os dois comandantes da tripulação. O trio bebia e conversava em clima de alegria, até que ela pediu ao menino que ficasse no playground com um macaquinho de pelúcia que ele costumava levar para cima e para baixo.

"Vamos buscar outra bebida", justificou ela.

Algum tempo passou e nada de Edna voltar. Maroni sentiu-se só e inseguro e, fingindo voltar a brincar, resolveu ir atrás e ver o que os três estavam fazendo. Era um misto de curiosidade e de inquietação o que o movia.

Andou pelo convés, olhou o restaurante e não viu ninguém. Voltou ao playground e nada. Não se desesperou. Manteve a calma. Parou e refletiu. Por fim, decidiu que a melhor escolha seria perguntar pela cabine do capitão.

Saiu inquirindo a todos na embarcação, até ser orientado com as indicações do local. Seguiu até lá e, quando foi abrir a porta, notou que estava entreaberta. Empurrou-a lentamente para não ser percebido.

Em sua imaginação abastecida por filmes e seriados de TV, ele estava em meio a um enredo de suspense. Mas foi só colocar os olhos na fresta para, imediatamente, o filme ser de outro gênero: a maior surpresa da sua curta existência, o erotismo. Edna estava transando com os dois homens ao mesmo tempo. Enquanto um deles a penetrava, de quatro ela chupava o pênis do capitão, que, completamente nu, usava apenas o seu quepe.

Ao ver a cena, soltou o brinquedo no chão e fixou bem os olhos no ato que o trio consumava. As roupas do capitão estavam jogadas no chão, entrelaçadas com os trajes sensuais de Edna. Em ação, ela usava apenas uma sandália vermelha de salto alto – em vez do chinelo que ela costumava usar na praia com a família.

"Era isso que ela carregava na bolsa...", pensou Maroni, antes de se entregar totalmente àquela tensão sexual que se desenrolava à sua frente.

Fortemente impressionado, em vez de sair dali rapidamente e tentar esquecer o que vira, o moleque ficou e observou tudo da porta. Ele estava admirado com aquela nova possibilidade. Como ninguém o notava, o garoto aproveitava cada segundo para nutrir sua mente com desejos e curiosidades.

Instantes depois, os olhos de Edna encontraram os seus. A preocupação momentânea com o fato de ter sido descoberto cedeu lugar ao prazer de perceber que ela continuava se relacionando com os dois homens, como se nada tivesse acontecido. Ao contrário, Edna parecia gostar de excitar o menino.

Maroni expressava admiração. Era como se pudesse se masturbar com os olhos. Sentiu o gosto do proibido e se apaixonou por isso. Pouco antes de a transa terminar, ele voltou ao convés e continuou brincando com o seu macaquinho de pelúcia, como se nada tivesse acontecido.

Edna era uma mulher muito à frente do seu tempo. Sempre teve muitos namorados e se vestia de um modo bastante ousado. Esse seu espírito moderno e muitas vezes libertino deve ter influenciado sua opção de nada fazer quando descobriu que estava sendo flagrada pelo parente adolescente.

Sua conduta, por outro lado, contribuiu para construir em Maroni um jeito mais aberto de ver a sexualidade. Enquanto via o trio transando, o garoto, é fato, sentiu prazer. Isso para ele é algo muito claro – e por envolver uma pessoa próxima e íntima, a situação ganhava um ar de fetiche. Seu cérebro acabou sendo tomado por fantasias.

Quando tomaram o bonde para retornar à casa da praia, no final daquele mesmo dia, a linda Edna segurou sua mão e, com os olhos carregados de emoção, disse a ele, então semi-iniciado: "Oscar, o nome do que eu estava fazendo é sexo. Um hábito saudável e humano".

Aquelas palavras soaram tão fortes para ele que são raros os dias em que Maroni não tenha se lembrado delas. O contato familiar entre ele e Edna continuou normalmente. Entretanto, eles nunca mais tocaram no assunto sobre o que aconteceu naquele dia no transatlântico. Se antes Edna sempre o havia excitado sutilmente, vê-la transando com dois homens no navio foi sua iniciação sexual teórica. Aprendendo assim de forma tão intensa o significado da palavra sexo, Maroni só viu crescer sua curiosidade sobre o tema.

Ver uma *performance* sexual envolvendo dois homens e uma mulher é algo que choca boa parte das pessoas. Ou excita. Em Maroni, o episódio teve ambas as consequências. E, a partir desse momento, o sexo se tornaria seu assunto preferido.

Como sua maturidade sexual ainda estava em desenvolvimento, a cena presenciada por ele foi gravada como algo fantástico. Some-se a isso o fato de os pais dele, apesar de rígidos, nunca o terem impedido de fazer nada: tem-se a receita do magnata do prazer em que Maroni se transformaria.

Em casa, ninguém jamais o censurou. Muitas vezes viu seus pais trocando prazeres, sensações e alegrias; em outras, brigas e discussões corriqueiras. Todas as experiências fizeram brotar em Maroni uma vontade inexprimível de liberdade.

Aquele episódio testemunhado por ele no *Federico C* o marcou definitivamente. Foi nesse dia que Maroni começou a aprender que amar e dar prazer não são necessariamente a mesma coisa.

Às vésperas de completar 13 anos, a família de Maroni se mudou para a Avenida Dom Pedro I, a mesma via onde moravam seu avós maternos, também no Ipiranga. Lá o clã estava completo; além de Hebe e Maroni, nessa época já eram nascidos os menorzinhos: Dalnus, então com 3 anos, e Eros, 1 ano. A diferença de idade dos dois primeiros para os dois mais novos fazia com que aqueles se dedicassem a cuidar destes. Isso não atrapalhava em nada a relação entre os inseparáveis irmãos; pelo contrário, aumentava ainda mais a cumplicidade dos dois.

Maroni incorporou à sua rotina a responsabilidade de acompanhar a mãe, Maria de Lurdes, em idas semanais ao centro da cidade. Por vontade própria, ajudava a mãe nas compras de material de costura em lojas de armarinhos na Rua Direita, no bairro da Sé. Sorridente e faceiro, com cara de prendado, o filho dividia com Maria de Lurdes o carregamento do dia.

Nessas jornadas, gostava de comer misto-quente, pizza e bomba de chocolate na tradicional Padaria Santa Tereza, casa fundada em 1872 e em pleno funcionamento até os dias atuais na Praça João Mendes, região central da cidade. O lugar é conhecido pela receita original da coxinha de frango com queijo tipo catupiry.

Era ao retornar dessa padaria, trazendo pão e leite, que a família tinha seus momentos mais íntimos. Ali, um Maroni cada vez mais instigado costumava fazer perguntas de temas variados aos pais. Nunca era possível imaginar qual seria a questão-surpresa da noite. A família sempre levou na esportiva, e pai e mãe costumavam rir juntos das ideias mirabolantes do filho. Apesar do absurdo de algumas perguntas, ele chamava atenção pela criatividade e pelo jeito espontâneo. Dos filhos, não à toa, ele se tornaria o mais falante, característica que levaria para a idade adulta.

Os Maroni nunca negam as origens italianas, e aqui os estereótipos parecem se confirmar. Se brigam fervorosamente no café da manhã, no almoço já estão se amando como uma família feliz estrelando um comercial de margarina. Esse elevador de emoções vai desenhando um homem que terá de aprender a separar toda essa sensibilidade exacerbada da razão, o que no futuro vai se tornar o maior desafio de sua existência. O sentimento e a emoção foram fundamentais e ficam claros na relação que ele teve com sua família na entrada da adolescência.

Para o pequeno Maroni, a emoção é quase tão obrigatória quanto uma matéria escolar. E com isso ele vai aprendendo muito cedo a lição: jamais ter medo de esconder seus mais profundos sentimentos.

O pai de Oscar Maroni.

# O homem e seus princípios

Oscar Maroni adorava as aulas de Ciências do Colégio Cardeal Motta, instituição católica camiliana do Ipiranga. Era a única disciplina em que ele, no auge hormonal dos seus 15 anos, largava a turma do fundão e disputava uma cadeira na primeira fila, olhar fixo para a frente. Mas é claro que não estava nem um pouco interessado em entender sobre moléculas, fórmulas ou fenômenos químicos e físicos. Sua atenção era cativada por causa da sensual professora: uma loira alta, de seios fartos e bunda avantajada.

A mestra sabia de seu *sex appeal*. Ousada, parecia gostar de manter certa tensão sensual frente aos alunos adolescentes. Costumava lecionar usando saia curta e blusa decotada. Enquanto escrevia na lousa, tinha os movimentos dos quadris acompanhados na mesma velocidade pela cabeça dos marmanjos. Quando se sentava, era comum que mantivesse as pernas abertas. A posição era percebida pela molecada, mas só servia para atiçar seu imaginário: sua mesa tinha, à frente, um frontão de ripas de madeira, de modo que vê-la sentada assim era mais miragem do que contemplação.

Maroni, que se masturbava pelo menos uma vez por dia homenageando, em seus devaneios, a estonteante e provocativa professora, não se conformou com a barreira visual oferecida pela velha mesa. Tinha de dar um jeito. Gastou alguns dias estudando uma maneira de furar o bloqueio e, assim, admirar o cenário entre as pernas daquela mulher. Percebeu que as ripas de madeira já andavam bastante desgastadas pelo tempo. E eram finas. Calculista, mirou bem o local de onde teria uma visão privilegiada das partes mais íntimas da professora e, com as mãos, abriu secretamente um pequeno buraco circular no frontão.

As aulas de Ciências nunca mais seriam as mesmas para o garoto. A partir daquele dia ele conquistara, inapropriadamente, o direito de observar tudo o que quisesse da mulher incrível por quem nutria um adolescente tesão diuturno.

Naquela época, o sexo dominava boa parte da vida de Maroni. Era uma verdadeira obsessão. Ele ainda era virgem, mas colecionava todo material pornográfico que conseguia obter – o que significava, naqueles anos 1960, apelar para revistas que eram vendidas em esquinas e pontos de ônibus, meio que na clandestinidade, com aquele quê de coisa proibida.

Ciente de que os colegas pagariam por tal conteúdo, Maroni também viu brotar seu tino comercial. Muitas vezes lançou mão de um velho mimeógrafo de sua mãe para reproduzir as imagens pornôs das revistas e revender aos colegas. Era um processo um tanto complexo, em que a qualidade final das ilustrações – já originalmente precárias – era bastante reduzida. Maroni precisava usar um papel fino sobreposto às páginas das revistas para conseguir copiar, com o máximo de fidelidade, os contornos dos corpos nus das publicações. Em seguida, com esse mesmo papel, tinha de reforçar os traços sobre uma folha de estêncil – que então seria a matriz capaz de reproduzir cópias no mimeógrafo.

Aos olhos da mãe, o comportamento de Maroni era o de um típico adolescente rebelde. Em casa, andava perdendo as estribeiras com o filho, que, para ela, só pensava em viajar no seu próprio universo fantasioso e criativo, trancado no quarto fazendo sabe-se lá o quê. Como castigo, Maria de Lurdes condenava o garoto a uma espécie de prisão domiciliar: prendia-o no banheiro por horas, na companhia apenas dos livros escolares, obrigando-o a estudar somente o que a instituição de ensino solicitava.

A raiva que Maroni sentia nessas situações fazia com que desenvolvesse cada vez mais apreço pela liberdade – muitas vezes travestida de libertinagem e liberalidade.

Quando conseguia fugir do castigo e era pego no pulo, Maria de Lurdes o deixava trancado, nu em pelo, no banheiro da empregada, com o intuito de evitar que ele fugisse novamente. Era uma prosaica maneira que a mãe encontrava para conseguir respostas positivas do seu hiperativo filho. Maria de Lurdes era liberal e à frente de seu tempo, mas muitas vezes perdia a cabeça e cometia esses atos impensáveis visando conseguir o que ela acreditava ser uma boa educação para o menino. Ela tinha seu jeito de aplicar os corretivos.

Com todas as peraltices e traquinagens, o fato é que Maroni conseguiu terminar o ensino ginasial sem muitos problemas. Sua mãe quis então transferi-lo de escola. Buscou outra instituição católica, pois sonhava mesmo em ver o filho se formando com louvor e aprovação de Deus.

O agitado moleque foi matriculado no Colégio Nossa Senhora da Glória, do Instituto dos Irmãos Maristas, no bairro do Cambuci.

Foi nessa instituição de ensino que Maroni aprendeu a questionar os valores da sociedade, ao mesmo tempo que tentava encontrar os seus. O garoto também começava a colocar em xeque a religião católica e, pela primeira vez na vida, pensava em se tornar um homem de negócios.

Não era exatamente um aluno modelo. Sentava-se no meio da sala e costumava olhar fixa e profundamente para o professor. Quem o via assim pensava que ele prestava muita atenção e que aquele conteúdo ensinado em classe certamente mudaria a sua vida. Na verdade, olhava mas não via – Maroni estava com a cabeça em outro universo, muito distante da sala de aula: um mundo decorado com figuras oriundas dos filmes com temática espacial, repleto de mulheres bonitas se insinuando.

Nessa época, o garoto ensaiava a ambição que logo mais teria e o gosto pelo luxo. Em sentido oposto ao das dificuldades financeiras enfrentadas pela sua família, Maroni sonhava com viagens à Europa e imaginava um dia possuir as mulheres deslumbrantes que via nas telas dos disputados cinemas do centro de São Paulo. Preocupado em ganhar a vida, em ascender socialmente, em galgar uma posição de destaque que lhe permitisse usufruir dos sabores da boa vida, passou a procurar nas páginas de classificados de jornal, incentivado pelos pais, por um emprego que lhe coubesse.

A primeira renda não veio de um trabalho fixo, mas de um empreendedorismo mambembe – e não sem uma dose de apelo à sensualidade.

Era uma noite de sexta-feira quando o Maroni pai estava a caminho da casa do avô Vicente e, do carro, avistou no asfalto uns pacotes que caíram da carga de algum caminhão. Sem saber ao certo o que encontraria dentro desses fardos, mas seguidor do mote de que "achado não é roubado", não teve dúvida: parou o carro, pegou alguns pacotes e colocou-os no porta-malas antes de seguir caminho. Horas depois, já em casa, descarregou o material na sala e foi tomar banho – era sua rotina: precisava de uma ducha assim que botava os pés para dentro.

O filho viu aqueles pacotes e, curioso, já foi abrindo para ver o que continham: calcinhas de algodão e camisetas masculinas.

"Atenção, moça bonita, atenção: a única pessoa que vai gostar mais dessa calcinha que você é o seu marido!", apregoava o garoto na sala, feito um marreteiro para compradores imaginários; na verdade, segurava uma calcinha e falava para um espelho.

Quando o pai saiu do banho, ficou boquiaberto ao surpreendê-lo nessa cena. O menino não se fez de rogado: insistiu que seria um sucesso comercializar produtos assim na feira, da mesma maneira como via os feirantes toda semana. Ele estava convencido de seus dotes de comerciante.

Motivado mais pelo brilho nos olhos do filho do que pela ideia em si, o pai acabou aceitando que o garoto vendesse as tais calcinhas e camisetas em uma feira de rua que acontecia no Ipiranga, em uma travessa da Rua Vasconcelos Drumond. Mas impôs uma condição: o lucro seria dividido meio a meio entre os dois.

No primeiro fim de semana em que trabalharia como mascate, Maroni acordou cedo, arrumou seus produtos no carrinho de feira de sua mãe e, orgulhoso de sua nova empreitada, partiu rumo ao trabalho. Instalou o carrinho na calçada, com as peças de roupa em cima de um papel.

"Esposas, vistam essas calcinhas sexy para os seus maridos! Maridos, vistam essas camisetas sexy para suas esposas!", propagandeava o jovem vendedor.

O balcão era o carrinho de feira. As vendas foram um sucesso. As calcinhas acabaram na primeira semana, e sobraram apenas algumas camisetas. Com um jeito ainda infantil e ao mesmo tempo carismático, Maroni conseguia atrair sobretudo a freguesia feminina – a qual, quase sempre, convencia também a levar uma camiseta para o marido. Em apenas duas semanas, o pai, incrédulo, recebeu a metade de todas as vendas, conforme acordado entre ambos.

Maroni não queria mais parar. Logo começou a matutar outra forma de levantar dinheiro. Pensou em uma demanda que havia em sua própria escola: seus colegas adoravam gibis. Desta vez, o garoto tinha um capital inicial para investir na empreitada, justamente o que havia ganho com a venda das calcinhas.

Graças à sua lábia, conseguiu formar um bom estoque de revistinhas. Ele inventou um criativo expediente para lucrar com os gibis de seus colegas. A cada três gibis que recebia, prometia ao amigo um que ele não tivesse lido. E passou a revender o restante. Pela sua matemática, a conta era simples: ao trocar um por três, conseguiria: a) pagar o investimento no gibi; b) ter lucro, vendendo um deles; c) conseguir ainda um excedente.

Quando já acumulava um estoque relativamente amplo, Maroni montou uma espécie de estande na Avenida Dom Pedro I, perto de um ponto de ônibus, bem ao lado de uma banca de jornal. É claro que houve problema com o jornaleiro, incomodado com a súbita e não autorizada concorrência. O garoto contornou o imbróglio garantindo ao titular do espaço que não iria permanecer muito tempo por ali, apenas venderia alguns e iria embora, sem muito alarde. Foi o que aconteceu poucas semanas depois.

A precoce veia empreendedora de Maroni acabou interrompida pelos seus pais, que, incomodados com o desleixado desempenho dele na escola, forçaram-no a arrumar um emprego fixo. Voltou à busca, então, aos classificados de jornal. Ali descobriu uma vaga na Fábrica de Armarinhos Brasil. Foi um emprego de apenas quatro meses, em que o garoto fazia o controle do almoxarifado, mas a experiência lhe foi muito rica: lá ele se descobriu parte do mundo dos negócios.

Maroni não gostava de receber ordens. Convenceu-se de que trabalhar para si mesmo seria mais eficiente do que se esforçar para ver outros crescerem às suas custas e nas suas costas. Foi por isso que não durou na fábrica: o chefe implicava muito com sua conduta. Depois de um episódio de grosserias entre eles, Maroni encerrou a discussão mandando-o carinhosamente "enfiar seus produtos no cu". Pegou suas coisas e foi embora para nunca mais voltar. Foi naquele dia que prometeu que jamais seria funcionário de alguém, promessa nunca quebrada.

Ao mesmo tempo que despontava para os negócios, o aluno displicente tinha sua própria maneira de aprender as coisas. Fazia-o por meio dos livros, por exemplo – a paixão de Maroni pela leitura é um hábito cultivado desde a adolescência.

As longas horas de leitura levavam o jovem para um mundo além dos limites do bairro do Ipiranga. Aos 16 anos, seu autor preferido era o norte-americano Henry Miller, conhecido pelo estilo de escrita livre, muitas vezes pornográfico, associado por alguns aos *beatniks*, dono de uma prosa rica e que não segue enredos. Miller foi o primeiro piloto a levar o cérebro de Maroni a uma viagem sem censura. Miller foi um professor para Maroni: ensinou a ele o poder da imaginação.

Seguindo a sabedoria destilada pelo escritor, Maroni ganhou confiança para aprender a seu modo, sentindo na pele as vantagens e desvantagens de desafiar regras, se abrir e se entregar a novas ideias e ideais. Tornou-se mais questionador, colocando suas vontades de maneira mais firme.

Esse jeitão livre e um tanto rebelde muitas vezes esgotou a paciência de seus pais, que, na época, haviam acabado de montar uma fábrica de molas para suspensão de caminhões. Como eles trabalhavam duro para a ascensão financeira da família, tinham menos tempo para acompanhar os filhos – o que acabava piorando a *performance* do garoto na nova escola.

Ele parecia não se adaptar ao estilo do colégio marista. Na maior parte das aulas, não passava de um aluno desinteressado. Na de religião, entretanto, conquistou rapidamente o selo de *persona non grata*, fazendo da disciplina o principal alvo de suas inquietações. O professor católico era questionado constantemente por Maroni com questões evoluídas, como:

"Se Deus existe, por que deixou que o Titanic afundasse?"

"No mundo de Deus não deveria existir pobreza. Mas neste aqui existe, né?"

Desnecessário dizer quanto tais questionamentos acabavam irritando o mestre da matéria.

A gota d'água não tardaria. Em uma aula de religião, Maroni fez uma bolinha de papel bem pequena e a mastigou por alguns segundos. Colocou-a no tubo da caneta com a intenção de assoprá-la para que grudasse no teto da sala. Feliz ou infelizmente, sem querer ou de propósito, a brincadeira acabou mal: a bolinha foi direto na testa do professor. Foi o suficiente.

A expulsão do colégio foi a pena que lhe coube. Decepcionados, seus pais decidiram matriculá-lo em uma escola mais próxima de casa, com o intuito de vigiar o filho mais de perto. Escolheram a Alexandre Gusmão, instituição de ensino pública no Ipiranga.

A marcação de Maria de Lurdes sobre o comportamento do filho se intensificou. A mãe passou a exigir que ele passasse grande parte de suas tardes estudando, muitas vezes trancado no banheiro. Por decreto de Maria de Lurdes, Henry Miller foi alçado ao posto de autor proibido em sua casa, pois ela o considerava péssima influência. Mais que isso, era a causa das notas ruins e, principalmente, do comportamento agressivo e questionador do filho.

Entediado com as restrições, Maroni estava em seu quarto apontando um lápis, distraidamente, na quina da janela. Olhar absorto e desconcentrado, acabou caindo. Detalhe: como a casa era assobradada, seu quarto ficava no segundo andar. Maria de Lurdes viu a cena e ficou desesperada: foi correndo acudir o filho, já esperando o pior. A sorte estava ao lado do garoto. A queda foi certeira sobre uma rede, dessas de balançar e dormir, que estava aberta ali no quintal.

Com o pai, a relação sempre foi intensa – beirando os estereótipos italianos. Viviam em uma eterna novela. Com a mesma força com que expressavam profundo amor, se desentendiam minutos depois. O homem que recitava poesia diariamente era também apaixonado pela família – e esforçava-se para deixar isso muito claro em suas atitudes.

Preocupado com a situação do filho rebelde, receoso de que ele desandasse na vida, o pai decidiu intervir nas cobranças por melhoras nas notas escolares. Maroni respondeu melhor a essa exigência do que às da mãe e, aos poucos, começou a ter evoluções no boletim. Como prêmio, recebia do pai o aval secreto para leituras homeopáticas de Henry Miller.

Em um sábado de dezembro de 1968, o pai Oscar Maroni acordou mais sorridente do que o usual. O filho já estava em pé, aguardando o tradicional café da manhã em família – se os almoços e jantares eram momentos em que o pai recitava poemas para a mesa completa, com a mulher e os quatro filhos, naquela época o café da manhã de sábado era um espaço íntimo para pai e filho apenas, quando podiam comentar sobre a semana de cada um.

– Vou lhe mostrar uma coisa que você nunca viu – o pai disse.

– O quê? – Maroni não escondeu a curiosidade, mas teve de perguntar quatro vezes antes de obter uma resposta.

– Sua voz, meu filho – o pai respondeu com doçura.

Calma e direta, a frase tinha lá seu jeitão de poesia. Maroni não entendeu muito bem como isso poderia acontecer. O pai havia conseguido imprimir um clima de mistério aos ímpetos do filho extremamente curioso.

Oscar Maroni colocou sobre a mesa uma geringonça coberta por uma toalha branca, aguçando a imaginação do garoto.

– Isso aqui, meu filho, é o nosso segredo – ele falava pausadamente, antes de mostrar a surpresa. E emendou, pedindo a compreensão e a cumplicidade do filho: – Paguei muito caro e, se sua mãe souber, me mata.

Tratava-se de um gravador da marca italiana Geloso, artigo raro e caro para a época, um luxo para uma família de classe média como os Maroni. Em uma primeira demonstração, o pai gravou uma fala do filho e, em seguida, ambos escutaram. Ao ouvir sua voz pela primeira vez, Maroni viu nascer um fascínio por gravadores, algo que nunca o abandonaria.

O Geloso era fabricado em Milão pela Società per Azioni Geloso. Esse dos Maroni era um dos modelos mais usados – pesava até cinco quilos e era considerado semiprofissional pelo fabricante. Alimentado pela rede elétrica, registrava o som em pequenos rolos de fita magnética.

A vontade do garoto era correr para mostrar a novidade aos irmãos. Mas Maroni manteve o segredo, conforme o pai pedira. Se para a geração de iPods, iPhones e iPads um gravador de cinco quilos mais parece um trambolho, é preciso ressaltar que o Geloso revolucionou o jornalismo na época, trazendo mais rapidez e precisão ao trabalho de registrar e transmitir notícias. Antes do Geloso, repórteres de rádio precisavam sempre contar com telefones próximos ao entrevistado, que, por sua vez, tinha de ser convencido a falar ao vivo para a emissora.

A estranha aquisição do pai serviria para um propósito bem definido. Ele passou a esconder o gravador, ligado, antes das refeições em que a família toda se reunia para escutar poemas e conversar sobre suas rotinas. Gravava todos aqueles momentos íntimos. No Natal daquele ano apareceu de surpresa com o aparelho e, sem falar nada, colocou a fita para rodar.

Maria de Lurdes não conteve as lágrimas. Foi correndo abraçar o romântico marido. Os irmãos fizeram o mesmo. Já conhecedor do segredo, Maroni ficou um pouco distante, apenas observando aquela reação. Mas não aguentou muito tempo – instantes após já estava ele também abraçado aos seus familiares. Ao fundo, as vozes de todos transmitidas pelo aparelho. Aquele foi um dia histórico para os Maroni. Um Natal em que o significado da data, para eles, ganhou uma dimensão ainda maior.

As personalidades complementares da mãe e do pai acabaram aproveitadas didaticamente pelo garoto. Os atritos com Maria de Lurdes lhe ensinaram a conservar a razão e a ter persistência de lutar fervorosamente por aquilo em que acredita. Já o jeitão boêmio e a poesia arraigada ao dia a dia do pai aflorou em Maroni o lado mais sensível. Era graças a ele que entendia não ser possível guardar emoções. Apesar de algumas brigas homéricas, seu pai quase sempre era doce e incentivava os filhos – diferentemente do padrão de paternidade distante daquela época. A junção das características dos dois genitores sedimentou em Maroni um homem ao mesmo tempo cético e emotivo.

Com a proibição de Henry Miller ainda em vigência, o garoto desenvolveu o hábito de ler debaixo da cama. O local acabaria se tornando uma espécie de refúgio do mundo exterior. Ali viajava sozinho e, como seu pai ao declamar poesia, era capaz de se entregar àqueles momentos com toda a emoção. Não haveria melhor lugar para exercitar a liberdade do que debaixo de sua cama.

Miller fascinava cada vez mais o jovem Maroni. A bordo das descrições sexuais do autor, ficava enlouquecido – 17 anos, hormônios em ebulição, já quase um homem feito, mas ainda virgem. Muitas vezes preferia recorrer àquelas histórias literárias para se masturbar, em vez da barata pornografia rotineira. De Miller, também herdaria o fascínio por Paris, encantado com as passagens detalhadas do autor sobre a cidade. Anos mais tarde, já bem-sucedido e dono do Bahamas, Maroni faria uma viagem até lá apenas para visitar os lugares descritos pelo autor.

Perto de completar 18 anos, Maroni era um garoto mais alto do que a média. Destacava-se nos esportes. Com 1,88 metro de altura, era bom no futebol e no basquete. Foi nessa época que teve sua primeira namorada oficial. Chamava-se Claudete e era vizinha de porta. O relacionamento não durou muito tempo. Pouco depois, o moço já estava namorando outra garota do bairro, Sandra Mara Ferreira, que, quatro anos mais tarde, em 1973, seria eleita Miss Brasil.

Maroni e Sandra frequentavam bailes. Nas danças, ele aproveitava os momentos de rosto colado – era o mais perto que conseguia chegar de alguém do sexo feminino, e isso o excitava. Mas novamente foi um relacionamento curto: ela o dispensou. No Carnaval de 1969, Maroni já estava sozinho e, 18 anos recém-completados, com carteira de motorista.

Entretanto, devido ao baixo desempenho escolar, seus pais o proibiram de pegar o carro – na verdade, uma Kombi que ele já costumava dirigir desde os 17 anos. Os Maroni foram passar o feriadão no apartamento da família na Praia do José Menino, divisa entre Santos e São Vicente. Sem um tostão no bolso, ao garoto coube aceitar.

O apartamento ficava no décimo andar do Edifício Plaza, de bela fachada amarela. Maroni estava na fossa, particularmente triste naquele feriado. No primeiro dia de folia, olhando ali da varanda a diversão das pessoas lá embaixo, foi atingido por um intenso desânimo. Não se sentia nem metade do que sonhava ser aos 18 anos. Para piorar, era virgem.

Ficou cerca de meia hora contemplando a alegria alheia enquanto se considerava um fracassado. Pensou em se jogar de lá de cima, botar um ponto final em tudo. Chegou a subir no batente da varanda, olhou para baixo, pensou. Pensou mais um pouco. Desistiu. Preferia viver.

"Eu não morri. Tudo que vier agora é lucro", disse para si mesmo quando já estava novamente dentro do apartamento. O episódio teve uma função catártica na vida de Maroni.

Vestiu uma sunga e saiu correndo para dar um mergulho. Com a água fria da praia até o umbigo, via a folia e fazia seu próprio e particular Carnaval: tirava o calção de banho e jogava para o alto, colocava na cabeça, depois jogava novamente para o alto...

Mais para o fim daquele mesmo ano de 1969, uma amiga da família passou na casa dos Maroni antes de cair na noite. No meio das conversas, ela decidiu ensaiar uns passos de dança. Colocaram na vitrola "New York,

New York", de Frank Sinatra. Linda, de cabelos escuros e seios fartos, a moça convidou o jovem Maroni para dançar. Meio sem jeito, mas com incontrolável tesão, ele aceitou.

Foi um passo a mais nos contatos íntimos do garoto com alguém do sexo oposto: não só os rostos ficaram colados, mas ele também pôde sentir seu pênis na altura da vagina daquela mulher. Quando a música acabou, ele deu um jeito de sorrateiramente ir até o banheiro para se masturbar. Mais de uma vez. Aquela sensação ainda serviria de inspiração para outras homenagens solitárias à moça durante algum tempo.

Era o início da longa jornada de Oscar Maroni para conseguir perder a virgindade.

# PARTE II
## Com uma, com duas

Desde que assistiu à transa de Edna com os dois marinheiros, Oscar Maroni tornou-se um admirador da sexualidade e todos os seus complementos. Alguns anos já haviam se passado desde aquele dia ensolarado na praia e Maroni ainda tinha de se virar como podia – pouco dinheiro no bolso, muito tesão e longas e constantes jornadas de masturbação enquanto ainda não conseguia uma mulher de verdade.

Levado um dia por seu pai e seu avô, tomou gosto e passou a frequentar assiduamente os famosos cinemas pornôs da região central de São Paulo. Seu preferido era o conhecido Cinerama, na Avenida São João. Mas também ia ao Cine Marabá, ao República e ao Arouche, todos no centro da cidade. O cinema se somou às revistinhas pornôs na rotina de contatos do jovem Maroni com o mundo do entretenimento adulto.

Naquela época, havia dois núcleos de prostituição no centro de São Paulo. A Boca do Luxo, região evidentemente dominada por prostíbulos mais caros e cheios de mulheres mais atraentes, e a Boca do Lixo. Sem dinheiro para pagar as entradas das casas do mais nobre grupo, mas com uma inata exigência por qualidade que o impedia de se fascinar pelas do segundo, restou a Maroni a lábia: acabou conhecido de seguranças e boa parte das garotas, tantas eram as tentativas – todas fracassadas – de entrar em casas como a Mug e o Club de Paris.

Para ele, a Boca do Lixo era cheia de casas sujas, com garotas feias e sem *sex appeal*. Contudo havia uma exceção, segundo seus critérios: a La Licorne, na Rua Major Sertório, no bairro da Consolação, que contava com um arsenal de garotas de boa qualidade.

Um dia, em meio às suas andanças pelos arredores, conversava com uma mulher que julgava ser alguma prostituta velha. Chamava-se Laura. Não era das mais bonitas, e a idade já começava a lhe tirar o apelo dos atributos físicos. Mas ela tinha algo que encantava Maroni.

Quando descobriu que Laura era, na verdade, a proprietária daquele inferninho chique, o calculista Maroni começou a se aproximar dela para conseguir entrar de graça na casa e, quem sabe, levar uma garota mais nova na conversa. A mulher, por outro lado, queria ela própria tirar a virgindade daquele garotão alto e viril que a rodeava. Ao perceber isso, Maroni decidiu recuar: para a primeira vez, idealizada há tanto tempo em tantas masturbações no banheiro e embaixo da sua cama, queria uma mulher jovem e atraente. Foi embora decepcionado – a vontade de experimentar o prazer sexual era enorme. Naquela noite, mais uma vez, restou-lhe a masturbação.

Foram semanas frequentando portas de inferninhos e boates no centro de São Paulo. Então desanimou, sentindo-se fracassado. Optou por esquecer o sexo por algum tempo, trocando a obsessão dos puteiros pelo cinema – desta vez não os pornôs, mas a programação convencional.

Em cartaz, o clássico *A Bela da Tarde*, do diretor Luis Buñuel, estrelado pela musa Catherine Deneuve – que, obviamente, tomou o coração de Maroni. A trama gira em torno de uma deslumbrante e jovem dama da sociedade, recém-casada com um médico conceituado e bonito que a ama acima de tudo. Tudo iria muito bem, não fosse um pequeno detalhe: as fantasias sexuais dela. A exemplo das melhores personagens de Nelson Rodrigues, a bela e frígida Séverine esconde, de fato, uma mulher extremamente safada, que não consegue realizar seus desejos com o marido. Este é o estereótipo do homem ideal para todas as mulheres da época: cuidadoso ao extremo e presente. Mas sem o mesmo fogo da mulher, que, reprimida, decide se prostituir em um bordel de luxo, onde coloca em prática todos os devaneios eróticos que jamais poderia executar com o cônjuge. No prostíbulo, é violentada, chicoteada e chega até a se fingir de morta para satisfazer as fantasias de um necrófilo.

Todo esse enredo, nas mãos do espanhol Buñuel, resultou em um filme de arte impecável. É algo tácito, subentendido, que chega quase a ser delicado. Era exatamente o que mais agradava Maroni: assim como ao ler Henry Miller, o filme catalisava sua imaginação sexual muito mais do que os pornôs explícitos.

O amor platônico por Deneuve logo deu lugar a outra musa: Jane Fonda. Mais precisamente os peitos de Jane Fonda. Certa vez, saiu tão excitado do cinema que fez uma promessa mental a si mesmo – e ao par de peitos que vira na telona: daquele dia não passaria. Era chegada a hora de perder a virgindade. E o mais importante: seria com uma loira, de preferência a mais parecida possível com Jane Fonda.

Saiu do cinema e botou a mão no bolso. Com os trocados que tinha, só mesmo na Boca do Lixo, com valores mais acessíveis – e as mulheres mais feias –, conseguiria algo. Cansado de esperar, dessa vez havia deixado seu bom gosto na sala de cinema. Parou em frente a uma das boates e começou a conversar com a primeira mulher que surgiu na sua frente – uma loira, claro. Sem delongas, fecharam negócio. Maroni tinha pressa para, finalmente, a grande hora.

No caminho para a alcova, o garotão fez questão de mentir. Dizia que já havia transado com várias mulheres e sua *performance* era frequentemente elogiada. A moça fez pouco caso da lorota. Ela, ao contrário de Maroni, não mentira naquela conversa: era aquela a sua primeira vez como prostituta.

O ato em si não foi como sonhado. Começaram com um papai--mamãe sem sal. No meio da coisa, a loira tingida pediu para seu cliente colocar de ladinho. Quando parecia que ia esquentar, ela, sem pestanejar, virou a cabeça e começou a folhear uma fotonovela. O rapaz quase broxou. No final, gozou – mas já tinha tido orgasmos muito melhores se masturbando.

Saiu do puteiro decepcionado. O calvário da perda da virgindade havia sido longo e penoso – e fraca a recompensa. Caminhou com as mãos nos bolsos, cabeça e autoestima baixas. Na Praça da República tomou o ônibus Moinho Velho, com destino ao Ipiranga.

"Porra, mas isso é sexo? Sexo é uma merda...", dizia para si mesmo enquanto observava a ponte sobre um riozinho na praça.

Ao chegar em casa, encontrou refúgio embaixo de sua cama. Ficou lá por um bom tempo em silêncio, pensativo. Nem ler o apeteceu. Concluiu que melhor seria usar a decepção para botar ações em prática. Não, não podia desistir. Decidiu que era hora de conversar com alguém mais experiente. Os amigos da escola? Não, eles só falavam, mas eram como ele: no fundo também não tinham nenhuma experiência na coisa.

Veio-lhe então à cabeça o nome de Ronaldo. O namorado de sua irmã Hebe – com o qual se casaria mais tarde – era um homem quase dez anos mais velho, morava em Santos e tinha um jeito mais malandro. Ronaldo trabalhava na Companhia Siderúrgica Paulista (Cosipa), empresa situada em Cubatão, município vizinho a Santos. Maroni se dava bem com ele. Telefonou dizendo que queria passar o fim de semana na praia. Sem nenhum receio, afirmou que estava precisando de ajuda. Ajuda para transar.

O cunhado se mostrou prestativo à situação de Maroni. Prometeu levá-lo até o porto, onde, em suas palavras, "as meninas não têm frescura e são mais liberais". Do outro lado da linha, Maroni vibrava com a expectativa. Tudo acertado, o jovem tomou um ônibus rumo ao litoral.

Era um fim de tarde de sexta-feira quando eles se encontraram. Sem demora, foram direto ao ponto – e ao porto. Maroni estava ansioso demais, não conseguia pensar em outra coisa. No local, escolheram duas garotas e as levaram para a casa do cunhado.

Maroni e Ronaldo transaram cada um com uma delas. A noite foi épica, histórica, com direito a um "café da manhã" que surpreenderia ainda mais. Ronaldo tinha de trabalhar no sábado, então saiu logo cedo, deixando o irmão de sua namorada sozinho com as duas moças. A putaria recomeçou, é claro. Os três ficaram juntos durante a manhã toda, até terminarem a jornada gozados, suados e exaustos de tanto se esfregar.

Quando as mulheres foram embora, Oscar caminhou até a janela do apartamento. Em tom de alegria plena, perdeu-se observando a praia.

"Sexo é do cacete mesmo!", concluiu.

Na volta para São Paulo, Maroni tinha um sorriso largo no rosto. Sentia orgulho de si mesmo. Estava finalmente realizado e com a curiosidade saciada. Agora, oficialmente, ele havia entrado para o clã dos machos, como gostava de dizer.

## As regras e a vocação

Oscar Maroni era um garoto de muita energia. Mesmo que gastasse esse manancial em quaisquer atividades – podia se masturbar cinco vezes por dia, imaginando os cenários e as histórias mais estimulantes; podia passar o dia pedalando; podia fazer qualquer coisa, até transar o dia todo, se isso, naqueles tempos em que ele havia acabado de perder a virgindade, já fosse provável em sua rotina – ainda sobravam ímpetos e vontades.

Foi quando o então novato estudante da Escola Alexandre Gusmão decidiu entrar para o time de futebol da turma. A altura avantajada – já tinha, aos 18 anos, 1,88 metro, a estatura que teria na vida adulta – garantiu a escolha automática da posição: virou goleiro.

Em um treino com integrantes da equipe do próprio colégio, em um dos muitos campinhos de várzea então abundantes na região do Ipiranga, um amigo de Maroni fez uma falta e o colega que a sofreu resolveu partir para cima do infrator. Muito menor que o oponente, começou a sofrer um cascudo de dar dó. Maroni não teve dúvida: saiu correndo de suas traves até o meio do campo para tirar do sufoco aquele que apanhava. Não somente o defendendo, mas também agredindo o outro, com direito a um forte soco na cara.

Quando Maria de Lurdes foi buscar o filho, no fim da partida, encontrou um treinador irritadíssimo. O técnico não mediu palavras para reclamar para a mãe da conduta de Maroni: insistiu que o moleque era muito agressivo e incapaz de controlar seus acessos de raiva. E acrescentou que, se ele continuasse daquela forma, seria muito difícil mantê-lo no time.

Maroni encarnou novamente sua faceta sedutora e conseguiu convencer a mãe de que estava apenas defendendo a honra de um amigo.

Enfático, ganhou o perdão de Maria de Lurdes e, de quebra, a promessa – aliviadora – de que o pai jamais saberia do ocorrido.

Mas a calmaria tinha curto prazo de validade. Uma semana depois, na aula seguinte de Educação Física, Maroni e o rival do campinho voltariam a se enfrentar, agora de forma mais aguerrida e agressiva. Ambos rolaram no chão, aos socos e pontapés. A briga terminou com toda a classe tentando apartá-los. Maroni até argumentou, como sempre, mas acabou levado sem nenhuma conversa para tomar um corretivo da diretoria do colégio.

Enquanto aguardava na antessala do diretor, viu um quadro na parede com a frase "Como é bom ser bom", atribuída ao célebre médico, poeta e tradutor José Martins Fontes – contemporâneo de Olavo Bilac, de quem foi sócio em uma agência publicitária. A frase ficou ecoando em sua cabeça e, durante a espera, divagou bastante sobre igualdade e respeito. Tinha plena convicção de que a atitude que havia tomado era a correta. Qualquer um que se prezasse faria o mesmo. Auxiliar um amigo, afinal, é uma coisa louvável – Maroni acreditava cegamente nisso. Sentiu-se injustiçado e, portanto, seus atos lhe eram justificáveis.

O episódio revelava, desde muito cedo, um ser humano com princípios. Fossem eles certos, fossem errados, costumava permanecer leal a eles. A atitude ousada e as opiniões fortes já eram características marcantes de sua personalidade – e essas diretrizes ganharam forma concreta nesses gestos impensados e executados no calor do momento. Maroni várias vezes mostrou-se solidário e, não à toa, ao longo do tempo ajudaria muita gente – algumas jamais expressaram gratidão. Em sua vida, acertando ou errando, sempre pensou muito – e desses pensamentos acabavam brotando seus mais notáveis feitos.

Na sala do diretor, com a presença de sua mãe, Maria de Lurdes, Maroni recebeu um ultimato: devido à agressividade, só poderia continuar estudando no Alexandre Gusmão se contasse com acompanhamento psicológico. Pasma, sua mãe brigou, gritou e puxou a orelha do garoto antes de chegarem em casa. Ao jovem restou somente a última chance: ir ao psicólogo indicado pela escola.

Após algumas sessões, parecia ter se tornado uma pessoa mais calma, mais ponderada. Tinha aprendido a lidar melhor com as diferenças das pessoas e voltava a valorizar mais sua família. A partir dessas consultas, começou a analisar o trabalho de seu próprio psicólogo, passando a gostar daquilo. Percebeu que sua curiosidade pelo comportamento humano poderia ser, em grande parte, satisfeita com tal profissão.

Há duas curiosidades a respeito desse acompanhamento ao qual Maroni se submeteu. A primeira: o psicólogo aplicou nele um teste de QI – e o rapaz teve um resultado de 122, o que, de acordo com a classificação corrente, proposta por Lewis Terman, indicava superdotação.

A outra foi que o profissional fez, na contramão das escolas de psicologia da época, uma regressão. Regressão de memória, também chamada de retrocognição, é um processo – no caso, induzido – que, acredita-se, permite que a pessoa relembre fatos passados, sobretudo as experiências mais marcantes. Muitos dos que aplicam a técnica creem que seja possível acessar não só os episódios da adolescência, da infância e do nascimento, mas também da vida intrauterina e, mais ainda, vivências de encarnações anteriores.

O terapeuta "descobriu" que em outra vida Maroni havia sido um oficial do exército romano e tinha derramado muito sangue. Mas, ressaltou, sempre levantando a bandeira da justiça. Após conhecer o conteúdo da sessão, a família Maroni, de ascendência italiana, chegou mesmo a levar isso em consideração.

Sabiamente o psicólogo também diagnosticou que o rapaz tinha dificuldade de se adaptar às condições normais que a sociedade impunha. Daí vinha seu temperamento explosivo. Por isso, recomendou que ele fizesse algum tipo de arte marcial. Maroni seguiu a orientação. Fã de Bruce Lee, ele optou pelo kung fu. Era o início de um longo namoro com as lutas e o culto ao corpo.

No ano seguinte, para alívio da família, o rapaz conseguiu concluir o colegial. Além do acompanhamento psicológico, o kung fu havia se tornado um importante aliado – ao menos, fazia com que ele gastasse mais energia. Mais maduro e quase dono de seu próprio nariz, Maroni começava a ter menos dúvidas e mais certezas. A primeira delas era a escolha do curso superior: Psicologia.

## Ele encontra o amor

"Tive duas fases em minha vida: aquela em que andei de Mercedes coletivo e a atual, na qual conto com meu Mercedes particular."

Oscar Maroni é enfático e preciso quando tem de falar sobre sua evolução financeira: sintetiza tudo em uma única frase.

A fase do Mercedes coletivo, contudo, foi fundamental para seu nascimento como empresário, pois nesse período ele descobriu as melhores e as piores coisas da vida. Prestes a completar 20 anos de idade, começou a fazer cursinho pré-vestibular na unidade do Colégio Objetivo, que fica no prédio da emissora de televisão Gazeta, no número 900 da Avenida Paulista, coração financeiro de São Paulo. Sua meta era estudar para conseguir uma vaga no curso superior de Psicologia.

Foram dois os fatores que pesaram na escolha da carreira: a influência do seu terapeuta no fim do colegial e o seu próprio perfil, sempre observador e analisador. A jornada parecia certa.

Durante o período do cursinho, Maroni dava sinais de estar muito bem resolvido pessoalmente. Usava um rabo de cavalo, estava ainda mais robusto – graças à prática de esportes – e, cheio de si, transmitia aos colegas uma imagem segura. Se a convivência constante com a mãe e a irmã fizeram dele um adolescente bom no trato com as mulheres, o jovem adulto que ele se tornara revelava um Maroni bom no trato com todas as pessoas. Era sociável, conversador, do tipo que fazia amizade facilmente pelos corredores do Objetivo. Em pouco tempo se tornara uma figura popular por ali.

Politizado, interessado pelo social e defensor fervoroso de tendências de esquerda, fazia o tipo mais intelectual. Carregava sempre consigo um livro do guerrilheiro Che Guevara, então encoberto com uma falsa capa de *O Pequeno Príncipe*, clássico mundialmente conhecido do francês Antoine de Saint-Exupéry – em uma manjada tática para driblar a forte censura imposta pelo governo da ditadura militar brasileira.

A negação de qualquer religião também se consolidou nessa época. Aliás, esse é um tema que sempre aguça muito o sentimento de Maroni. Desde pequeno demonstrava ser cético – e um de seus *hobbies* preferidos era estudar o comportamento do ser humano, em reflexões que ele chama de "raciocínio lógico". Para ele, isso foi o que o fez não crer em nenhuma religião. Mas, ao contrário da grande maioria dos crentes, ele diz conversar com Deus quando as coisas vão bem, e não apenas em caso de necessidade, perda ou tristeza.

"Se Deus existe, ele me deu o direito de questioná-lo", costuma dizer.

O grande envolvimento com temas como a religião – no caso, o acirramento de suas rusgas contra as religiões – e os debates políticos acabaram tirando o foco do estudante pré-vestibular. Além disso, Maroni debutava em sua rotina boêmia. Esse contexto tornou impossível seu objetivo, que era ser aprovado em Psicologia no sempre concorridíssimo vestibular da Universidade de São Paulo, a USP, a mais renomada e importante do país. Não passou nem perto. Talvez tenha sido o destino. Restou-lhe ingressar no curso equivalente oferecido pela Faculdade Objetivo, futuramente rebatizada de Universidade Paulista (Unip), na unidade que funcionava no mesmo prédio do cursinho, na Avenida Paulista.

São Paulo contava com 6 milhões de habitantes. Maroni era um jovem que passava boa parte do dia na região da Paulista – o Objetivo, as lanchonetes da Rua Augusta, as baladas dos arredores.

Se a população paulistana era metade da atual, a paisagem da avenida mais simbólica da cidade também não era muito parecida com o que se encontra hoje. Ao longo dos 2,8 quilômetros da via, eram 31 casarões – muitos remanescentes da primeira metade do século XX – contra os cinco que permaneciam em pé em 2016. Havia a mansão de Josephina Lotaif, a da família Matarazzo, e o casarão da Vila Fortunata, do escritor René Thiollier, só seria demolido no finzinho de 1972. Já conviviam com alguns prédios, é verdade – os primeiros arranha-céus da avenida foram erguidos em meados dos anos 1950, quando foi construído o Edifício Dumont-Adams, projetado pelo arquiteto Plínio Adams, e depois revendido para a empresa telefônica Vivo.

As árvores também eram mais abundantes, entre as quais 120 ipês amarelos, e o ritmo de vida mais calmo – à parte a efervescência cultural e política daqueles anos.

Na época, Maroni era noivo de Cinthia, uma dançarina integrante do corpo de baile do Teatro Municipal de São Paulo. Apesar do compromisso assumido, era um relacionamento instável. Foi em sua companhia que o rapaz foi, a pé, da Avenida Paulista até a cidade de Aparecida – pagando assim a promessa por ter conseguido passar no vestibular. Entre a sede do cursinho e a Basílica de Nossa Senhora Aparecida, centro de peregrinação católica, era um trajeto de cerca de 170 quilômetros. Na época, a igreja principal da cidade do Vale do Paraíba não era a imponente atual – inaugurada apenas em 1980 –, mas a construção de 1888, ainda preservada, hoje conhecida como Basílica Velha, na parte central do município.

O relacionamento com Cinthia terminaria pouco tempo depois, quando Maroni conheceu, no curso de graduação, a bela Marisa. Foi seu primeiro grande amor de verdade. A mulher causou um alvoroço em suas emoções. Ela também era noiva – de um bem-sucedido engenheiro chamado Astolfo.

A primeira troca de olhares entre os dois aconteceu logo no início do ano letivo. Maroni saía pela rampa do estacionamento da faculdade dirigindo a perua Kombi que pertencia a seus pais. Notou a moça, uma linda morena, alta, esguia, que naquele dia vestia um poncho marrom e verde, uma calça de lã preta e tênis All Star preto. Ficou balançado. Aquela mulher de corpo bem definido e sorriso tímido havia mexido com ele, cativado sua atenção. Sem nenhuma dúvida, estava diante de uma das moças mais bonitas da faculdade. Impulsivo, prometeu a si mesmo naquele instante: iria se casar com ela.

Marisa também cursava Psicologia, e os dois acabaram se reencontrando na sala de aula, já que estavam na mesma turma, em uma das disciplinas da grade curricular. Maroto, o rapaz passou a aproveitar essas aulas para se aproximar da morena que andava tirando seu sono.

Vale ressaltar que, a essa altura da vida, Maroni não era mais o inexperiente garoto que frequentava cinemas pornôs no centro da cidade. Já havia aprendido os macetes de como chegar nas mulheres e, aos poucos, começava a ganhar a confiança da garota. Toda vez que estava perto de Marisa, seu coração se acelerava. Não, não seria apenas uma transa. Ele estava convencido de que com ela construiria um relacionamento para valer.

Mas era preciso ter muita paciência. Marisa era prudente e impunha limites a qualquer aproximação, considerando que ambos estavam noivos – cada qual com seu outro par. Cabia a ela frear os ímpetos do pretendente ousado e calculista. Ela cedia seu tempo àquela então deliciosa amizade, sempre próxima de Maroni na classe e em cafés que costumavam tomar depois da aula. O algo mais, até então, era só na insistência do rapaz.

Com Marisa, o apaixonado Maroni exibia um comportamento diferente. Ao contrário do que costumava fazer com os colegas de sala, jamais se gabava para ela de suas façanhas sexuais. Preferia demonstrar-se um homem carinhoso, verdadeiro.

De certa forma, sentia-se – e seguiria sentindo, em um futuro próximo – retribuído pelo apoio que a moça acabaria lhe dando. Marisa era a essência, por isso assumiria um papel fundamental em sua vida. Se a máxima "por trás de um grande homem existe uma grande mulher" for verdadeira, ela é, sem dúvida alguma, a grande mulher de Maroni.

O primeiro amor daquele controverso e agitado rapaz foi vivido de maneira pura, idealizada. Em Marisa, Maroni encontrou muito mais do que prazeres carnais; ela foi a parceira perfeita para que ele deslanchasse na vida.

A iniciativa foi dele. Era uma sexta-feira, já na metade do primeiro semestre do curso. Após a aula, ambos foram almoçar na tradicional Casa de Lanches Frevo, mais conhecida como Frevinho, na Rua Augusta, travessa famosa da Avenida Paulista. Foram horas de bate-papo que só serviram para revelar a Maroni, com ênfase, algo que ele já pressentia: estava mesmo apaixonado, mais até do que suspeitava. Pela primeira vez, ele deseja uma mulher não apenas sexualmente, mas para se jogar em uma vida a dois, para sonhar com uma família. Era o momento para o ataque. A hora do tudo ou nada.

Com o coração palpitante, o rapaz decidiu arriscar. Pediu à moça que fechasse os olhos, porque ela teria uma surpresa. Ela obedeceu, esticando a mão direita, como se fosse receber alguma coisa. De fato, recebeu. Mas não foi um objeto, e sim um beijo. Assustada com o inesperado gesto, sua primeira reação foi jogar o corpo para trás. Entretanto, acabou aceitando aquele entrelaçar de línguas. No fundo, era mesmo o que ela também já estava querendo.

O casal passou ainda muitas horas no Frevinho, em clima de romance. Já era noite alta quando saíram da lanchonete, e ainda decidiram emendar com uma balada nos arredores. O amor havia vencido. Poucos dias depois, os dois noivados estariam oficialmente terminados e o novo romance, sem barreiras, oficializado.

Na graduação, Marisa e Maroni seguiram rumos diferentes dentro da Psicologia. Ela preferiu o lado educacional da área, enquanto ele optou pelo clínico. Distinções de abordagens à parte, o casal viveu como dois pombinhos durante seis meses. Sentiam o amor em plenitude pela primeira vez. A vida até parecia fácil.

Naquele tempo começaram a viajar muito juntos para participar de congressos, cursos, eventos e seminários de Psicologia, envolvendo suas mais diversas áreas, por todo o Brasil. Dormiam em barracas, em um clima *hippie* – todo mundo de chinelos, tocando violões desafinados ao redor de fogueiras improvisadas. Foi nesse contexto que a paixão do casal aumentou.

Quando voltaram de uma dessas viagens, Maroni estava convencido de que já era o momento de pedir sua namorada em casamento. Ao mesmo tempo, angustiava-se pelo fato de que ainda não teria condições de manter uma casa, um carro e, quem sabe, filhos. Era o problema da vez a incomodar, roubando-lhe noites de sono.

Passou a maquinar ideias em busca de formas para ganhar dinheiro e sair da casa dos pais. Não era mais um adolescente, precisava de algo mais seguro e viável do que revender gibis. Ao mesmo tempo, negava-se a procurar emprego – lembrava-se muito bem da promessa que havia feito anos antes, de que jamais seria empregado de alguém; pretendia mantê-la, nem que para isso precisasse adiar seus sonhos.

Contudo, a teimosia era, e ainda é, uma de suas principais qualidades. Assim, em vez de desanimar, passou a abrir os olhos para tudo que houvesse e lhe parecesse uma alternativa viável de faturamento. Essas observações substituíram suas horas então gastas com leituras políticas. Entretanto, nada vinha à sua mente.

E foi assim, sem nenhum plano novo, que ele acordou um dia com a cabeça inchada e foi para a aula. Ao chegar ao edifício, notou a presença de um vendedor ambulante comercializando minipizzas, ao estilo brotinho, bem postas dentro de uma caixa de madeira, originalmente utilizada para transportar uvas. Deteve-se ali observando aquele homem e o seu singelo negócio.

Era a ideia que chegava, assim, quando menos se espera, como costuma acontecer. Com Maroni, sempre as coisas funcionam dessa forma. Então partiu para o segundo momento de seus raciocínios: a contabilidade. Fez lá seus cálculos e concluiu que ele poderia, sim, realmente ganhar algum dinheiro vendendo lanches – ressaltando que gostava tanto de cozinhar quanto de comer. Nada nem ninguém o faria desistir naquele momento. De quebra, ficaria claro que a sua necessidade – como deveria ser a de todos – é misturar o trabalho com o prazer.

Maroni sabe disso: seja no trabalho, seja na vida pessoal, ele sempre precisa estar ligado a suas emoções. Explicou a situação – o plano, na verdade – para a leal Marisa, que, já conhecendo o jeito insistente do namorado, se dispôs a ajudar no que fosse preciso. Era mais um laço a fortalecer a união do casal. Maroni estava prestes a começar um processo que iria demonstrar a ele como a persistência seria fundamental para alcançar aquilo que se deseja. Vender comida a alunos do Objetivo se tornava a sua nova obsessão.

Mas o projeto não seria tão fácil como parecia. Pesquisou sobre tudo o que precisaria fazer antes de abrir o negócio. Foi quando soube que só conseguiria comercializar ali com uma prévia autorização do dono do colégio, João Carlos Di Genio. Entre as pessoas que convivem com ele, o homem é considerado um *gentleman*.

Di Genio começou a carreira como professor, dando aulas de Física no cursinho preparatório 9 de Julho ao mesmo tempo que cursava Medicina na Universidade de São Paulo. Entre seus colegas professores estavam Dráuzio Varella, Roger Patti e Tadasi Itto, para citar alguns exemplos.

Em 1971, em sociedade com Alfredo Fernandes, fundou o Colégio Integrado Objetivo, um empreendimento que mexeria com os negócios da educação no país. Ao lado do seu sócio, a escola foi se expandindo: na esteira vieram, no ano seguinte, a Faculdade Objetivo, hoje Unip; e, em 1975, o Colégio Objetivo Júnior, voltado para a educação infantil.

Maroni precisava do consentimento desse empresário e prometera para si próprio que não desistiria facilmente. Focado, descobriu que o colégio pretendia abrir uma nova unidade, onde também seria a sede da nova faculdade, na Rua Luís Góis, no bairro de Mirandópolis, zona sul da cidade. Saber da expansão só aumentava sua ansiedade. Para Maroni, era hora de mexer os pauzinhos e participar desse sucesso de alguma maneira.

O primeiro contato foi feito com um assessor do empresário, conhecido como Dinhão. Foram muitas tentativas frustradas até conseguir uma esperada reunião com o dono do Objetivo. Na noite anterior ao grande dia, Maroni nem sequer pôde dormir. Ficou ensaiando o que iria falar, sabia o discurso de cor e salteado, repassou todas as falas antes de o dia amanhecer. Era só o início de um longo processo que demoraria ainda quase dois anos.

"O que você entende de coxinhas?" – com bom humor, o empresário Di Genio foi direto com o jovem, surpreendendo-o.

A reunião não foi nada do que Maroni esperava. Apesar de passar uma imagem de obstinado, era claro que o jovem não tinha preparo. Sentado com as mãos entre as pernas, apenas observava Di Genio falando, como quem via uma casa pegar fogo.

O papo terminou sem sinal verde. Maroni estava de novo na estaca zero. Mas seguiu insistindo, tanto com Dinhão quanto com Di Genio – bastava encontrar um deles no corredor para cobrar um andamento de sua demanda. Enquanto isso, seguia estudando e maturando seu projeto: queria ser dono de uma das cantinas das unidades do Objetivo. Aos olhos do empresário, sua persistência contava pontos, sem dúvida – mas ainda era cedo para entregar a ele, inexperiente, a alimentação de milhares de alunos.

Para Maroni, um "não" sempre funcionou como uma espécie de combustível capaz de fazê-lo focar mais em sua missão. É teimoso quando quer algo. Cada vez mais constantes, as noites em claro eram utilizadas para pensar em argumentos que pudessem convencer finalmente Di Genio. "Por que enquanto uns param outros continuam?" era seu mantra naquela época. E a insistência, uma espécie de religião – esta, sim, seguida fervorosamente pelo jovem. Maroni foi aprendendo, na prática, que os erros são melhores professores do que qualquer catedrático PhD.

Cada vez mais envolvido no dia a dia da faculdade, Maroni decidiu se candidatar à presidência do grêmio. Acreditava que quanto mais imiscuído estivesse ao sistema, maiores seriam suas chances de conseguir a tal cantina.

Em uma daquelas noites insones, assistindo a um filme americano na televisão, ele animou-se com a história de um jovem que, em campanha eleitoral para o grêmio de sua universidade, desfilava montado em um elefante. Maroni ficou boquiaberto, entusiasmado com a ideia. A essa altura, já tinha se distanciado daqueles ideais comunistas e fascinava-se por *cases* de sucesso.

No dia seguinte, ansioso, chegou mais cedo ao Objetivo. Ficou esperando Dinhão na porta de sua sala. O assessor, quando o viu, já imaginava que teria de novo de se desvencilhar do garoto que insistia na ideia da cantina. Surpreendido com o inusitado pedido de um elefante, primeiro ficou sem reação. Chegou a pensar que fosse algum trote do aluno. Em seguida, quando notou que ele estava convencido da bizarra ideia, contagiou-se com sua euforia.

"Procure então um elefante e diga o preço. Dependendo do valor...", disse Dinhão. A campanha eleitoral era bancada pela instituição.

Pelo menos por alguns dias, Maroni tinha outra missão na qual focar sua interminável energia. Saiu procurando elefantes em circos, mas acabou impedido de concretizar seu plano por um entrave da Associação Protetora dos Animais, que negou autorização por escrito para a empreitada amalucada. E, sem esse aval, a faculdade preferiu não arriscar.

A eleição estava para acontecer. Já que o elefante não havia sido possível, Maroni ficou matutando alguma outra ideia de impacto. Contratou uma banda, de seu próprio bolso. A fanfarra desceu a Rua Luís Góis em homenagem e apoio ao candidato.

Naquele dia, o rapaz conseguiu fazer uma das coisas de que mais gosta: festa. Homens muito bem-vestidos e elegantes tocavam trompete, e as músicas emolduravam a apresentação do próprio Maroni, ao centro, rodeado por bonitas mulheres fazendo malabarismo e dançando ao som dos instrumentos. O show empolgou os alunos. A rua ficou tomada pela alegria dos estudantes. Foi a primeira vez que Maroni viveu a experiência do *showman*, no centro das atenções.

O sucesso midiático, entretanto, não se refletiu nas urnas. Maroni foi derrotado na eleição, mas manteve a cabeça erguida. Ele estava crescendo, e crescer também é aprender a perder. Difícil era ser um bom perdedor.

Maroni curou a ressaca da derrota no amor de Marisa. Ela foi seu único consolo nos dias que se seguiram à fracassada campanha. Mesmo assim, sentia um vazio que o corroía por dentro.

Então Dinhão apareceu na porta da sala de aula. Com um sorriso no rosto, chamou Maroni. Di Genio queria conversar com ele. O jovem não se animou, imaginou que teria pela frente algum papo sobre a derrota, no máximo um prêmio de consolação. Estava desmotivado, o momento era de tristeza.

Entrou na sala do dono do Objetivo. Di Genio estava radiante, muito mais sorridente do que de costume. Afirmou que dois anos de persistência mereciam uma recompensa. Via em Maroni ele mesmo mais jovem, um sujeito obstinado e que sabia o que queria da vida.

"Concedo-lhe uma grande oportunidade: a licença especial para que, junto com Marisa, seja o proprietário de uma lanchonete dentro da escola."

A gratidão por Di Genio persistiria até os dias atuais. O empresário bancou o jovem visionário. Deu a ele condições de iniciar sua carreira como homem de negócios. Na época, Maroni via o empresário da educação com admiração, era um discípulo admirando o tino do mestre.

Na sua cantina, Maroni colocou, lado a lado, seus conhecimentos – os adquiridos na faculdade de Psicologia e os da faculdade da vida. Vivia uma espécie de auge, o maior até então. Mais do que vender lanches e salgados, fez do negócio uma maneira de aprender mais sobre o ser humano. Naquele momento, Maroni começava a encontrar seu lugar no mundo.

## Ter e perder

Apesar de no início ser meio atrapalhado na logística, Oscar Maroni logo conquistou a clientela pelo seu jeito falador e brincalhão. O Objetivo da Luis Góis já funcionava a todo o vapor; todavia, como o prédio passava por reforma, nos primeiros meses a nova lanchonete ficava em um *trailer* improvisado.

O menu era completo. Cachorro-quente era a especialidade da casa, mas esfirra, pão de queijo e quibe também constavam do cardápio. Em pouco tempo o *trailer* de Maroni havia se tornado o *point* das horas de intervalo. Para ele, as coisas estavam perfeitas: dinheiro entrando, o negócio dando certo, uma bela mulher ao seu lado. Com o que mais poderia sonhar?

Marisa tinha um Fusca cinza, apelidado carinhosamente de Fifi. Era a bordo dele que o casal passeava pela cidade. Um dia, após um jantar em comemoração à independência financeira, eles voltavam para a casa dos pais dela quando Maroni a surpreendeu:

"Marisa, quer se casar comigo?"

Assim, rápido e direto. Sem delongas. Jeitão Maroni de ser. Marisa, que já vinha pensando na ideia, também não se fez de difícil: topou na mesma hora. Aquele foi um dos momentos mais felizes da vida do rapaz.

Contudo, ainda era preciso conseguir o aval da família de Marisa. Seus pais eram tradicionais. Marcaram um almoço para oficializar o noivado já para o domingo seguinte. Eles moravam na Rua Chico Pontes, no bairro de Santana, zona norte da cidade. Também participaram do encontro os avós de Marisa – a aprovação do noivo foi unânime.

O apreço dos sogros vinha muito graças ao negócio que os dois montaram e que começava a prosperar. Além disso, as notas do casal no curso de Psicologia eram boas – o que, na visão dos pais de Marisa, indicaria um promissor futuro profissional.

Seis meses depois da refeição que formalizou o noivado, Marisa e Maroni se casaram na Paróquia São Paulo da Cruz, igreja conhecida como do Calvário, no bairro de Pinheiros, na zona oeste de São Paulo. O rito contou com o coral da Faculdade Objetivo – entre outras canções, o grupo entoou *Jesus Alegria dos Homens*, final da cantata *Coração e Boca e Ações e Vida*, composta pelo clássico músico alemão Johann Sebastian Bach.

Para economizar, o casal decidiu delegar a função de registrar o evento a um amigo que bancava o fotógrafo. O sujeito perdeu o rolo de filme e os Maroni ficaram sem nenhuma fotografia da cerimônia. O noivo acredita que é por isso que gravou com tanta riqueza de detalhes, em sua mente, cada um dos passos dados por Marisa a seu encontro dentro da igreja.

Quem casa quer casa, bem já diz o adágio popular. O primeiro apartamento do casal, alugado, ficava na Rua Cristiano Viana, no mesmo bairro de Pinheiros. Divertiram-se muito pintando, eles mesmos, as paredes e portas de azul royal – cor de predileção de Maroni, que sonhava usá-la nas porteiras de uma fazenda que um dia teria. Cada vez mais, aliás, aquele jovem com ideais socialistas dava lugar a um empresário e homem de negócios cheio de sonhos capitalistas.

A mudança para Pinheiros foi estratégica. Pouco antes de definirem o endereço da casa, Di Genio chamou Maroni para uma conversa. Revelou estar muito satisfeito com o trabalho da dupla e anunciou que iria abrir uma nova unidade do Objetivo na Rua Teodoro Sampaio – na antiga sede do Colégio Castro Alves. Esse local já tinha uma estrutura pronta para uma cantina. Seria uma unidade focada na educação infantil.

Maroni havia se tornado um dos homens de confiança do dono do colégio. O convite era para entregar seu *trailer* e mudar o negócio da Luís Góis para Pinheiros. Era uma chance. Que o casal aceitou.

A mudança não se resumia ao endereço. Era um público novo em todos os sentidos. E, por isso, apareceram dificuldades. O jovem empreendedor percebeu que seu jeito carismático e falador não funcionava muito bem com crianças em idade pré-escolar. Não raras vezes, precisava se segurar para não esganar nenhum menino mais mimado.

Um dia, enquanto voltava sozinho para casa, sentou-se em um banco de uma pracinha e começou a pensar. "Ou você larga isso ou melhora seu autocontrole", aconselhava-se a si mesmo. Foram horas refletindo sobre o que estava fazendo e o desgaste a que se submetia diariamente, somente pelo fato de estar trabalhando com crianças ligadas nos 220 volts.

Em uma tentativa de esquecer o assunto, apanhou sua calculadora e começou a analisar seus lucros. O negócio vinha dando bons resultados. E, assim como a calculadora, ele deveria usar apenas a razão: dois mais dois são sempre quatro, isso não muda. Não é como a poesia, na qual se pode colocar um navio dentro de um copo d'água.

É o psicólogo se autoanalisando. E, como resultado, as conclusões de que precisa separar o racional do sentimental – não só para conseguir trabalhar, mas também para viver melhor.

Essa linha tênue entre razão e emoção é constante na vida de Maroni. Ele vive em uma guerra interna, na qual trava batalhas mentais com o intuito de eleger o lado que deverá prevalecer. No caso da cantina de Pinheiros, ele se esforçou para melhorar o trato com as crianças – a razão prevaleceu.

Ao mesmo tempo, Marisa era a segurança de que ele sempre precisou. Ao lado dela, passou a conseguir se organizar para levar uma vida com mais luxo do que problemas. Resultado, é claro, de muitas autoanálises diárias – processos que o tornariam mais calmo também com os pequenos.

Como a cantina funcionava conforme o calendário escolar, Maroni e Marisa começaram a planejar o que fariam nas longas férias. Guardaram dinheiro para viajar. O passeio seria em alto-mar. No verão de 1974, Maroni alugou uma escuna e levou a bordo, além de Marisa, a mãe e os três irmãos. A viagem começou em Ilhabela, no litoral norte de São Paulo, e terminou em Angra dos Reis, já no estado do Rio de Janeiro. O passeio ficou para sempre marcado nas memórias mais felizes da família. Uma escuna alugada era objeto de desejo – só pessoas com alto poder aquisitivo se davam a esse luxo. Com essas férias, Maroni provava que já estava bem de vida e tinha, de fato, aprendido a ter faro para bons negócios.

O casal já vinha planejando aumentar a família. Com isso, decidiram vender o Fusca Fifi e comprar uma Veraneio azul, então o modelo mais espaçoso da Chevrolet, com quatro portas e capacidade para acomodar até nove pessoas.

Financeiramente, Maroni ia bem, obrigado. Cada vez melhor. Finalmente, começava a ter aquela vida com a qual sempre sonhara – com todos os luxos e mimos. Além disso, contava com uma família, personificada em Marisa. Um porto seguro que servia como combustível para seguir na luta de trabalhar na lanchonete em um período e cursar uma faculdade em outro. A vida, apesar de corrida, lhe parecia fácil; com Marisa, permanecia em eterna lua de mel.

Nesse processo de transformação deles em *bons vivants*, colocam a Veraneio na estrada. Viajaram por boa parte do litoral, desde o norte do estado de São Paulo até a Bahia.

Tudo ia bem, é verdade. Maroni andava confiante em sua capacidade e no talento para os negócios. Em fevereiro de 1974, na volta das férias, a secretária de Di Genio apareceu apreensiva em frente à cantina. Era uma convocação urgente: o proprietário do colégio precisava falar com ele.

Maroni e Marisa ficaram um tanto nervosos. O que teria acontecido? Qual seria o novo problema? Maroni tirou o avental que vestia, jogou-o nas mãos da mulher e foi até a sala de Di Genio.

Encontrou-o desconsolado. Era a antítese daquela figura sorridente que, tempos atrás, havia lhe dado a notícia de que ele seria o proprietário de uma de suas lanchonetes. Quando Di Genio começou com uma longa introdução e disse que o assunto era o incêndio ocorrido naquele 1º de fevereiro de 1974 no Edifício Joelma, Maroni em princípio achou que o problema não seria diretamente com ele.

Localizado no número 225 da Avenida Nove de Julho, na Praça da Bandeira, região central de São Paulo, o prédio havia sido tomado pelo fogo. A tragédia deixou 191 mortos e 300 feridos – e fora iniciada por causa de um aparelho de ar-condicionado que estava queimando. A cidade ainda não havia se recuperado do choque de outra catástrofe – dois anos antes, o Andraus, na Rua Pedro Américo, também no centro, tinha sido palco de um grande incêndio que terminou com 16 mortos e quase 400 feridos.

Di Genio foi detalhando para Maroni o que tinha acabado de acontecer com o Joelma. As chamas se alastraram por todo o edifício de 25 andares, transformando cada piso em uma sucursal do inferno.

– Uma sobrecarga elétrica gerou um curto-circuito no sistema de ar--condicionado – explicou.

Funcionários do banco Crefisul, que ocupava a maior parte do imóvel, entraram em pânico e buscaram refúgio no telhado. Ali, a temperatura chegara fácil aos 100 graus Celsius. No fim do dia, 18 pessoas haviam se atirado de lá de cima.

A tragédia voltou a levantar, em toda a cidade, o debate sobre a segurança de edificações. Algo precisava ser feito para evitar que tragédias assim se repetissem. O Joelma, entre outras deficiências, não contava com escadas de emergência.

A prefeitura então começou a implementar uma série de regras. Uma delas estabelecia que construções com mais de quatro andares necessitavam contar com escada externa para facilitar a saída das pessoas em caso de incidentes desse tipo. O Objetivo da Paulista teria de instalá-la, e para que isso acontecesse uma negociação estava em curso entre Di Genio e o proprietário de um estabelecimento colado ao prédio da escola.

Tratava-se de um bar e restaurante, também muito frequentado por alunos da escola. A fim de que coubesse uma escada ali, o local precisaria ser desativado. Para ficar de acordo com as normas impostas pela prefeitura, a escada teria de atravessar parte da área desse imóvel vizinho – o que inviabilizaria sua continuidade, na avaliação do proprietário.

Sua cartada deixou Di Genio em xeque-mate: só entregaria o imóvel se, em troca, recebesse o controle total das duas cantinas mais lucrativas do colégio. Uma delas era a lanchonete da Teodoro Sampaio, justamente a administrada pelo casal Maroni.

"Eu não tenho opção", disse o proprietário do colégio ao jovem Maroni, visivelmente abatido.

Foi com um aperto de mãos que selaram o fim daquela parceria. Maroni e Marisa aceitaram a situação e mantiveram a admiração e a gratidão por Di Genio. Não fosse por ele, afinal, Maroni não teria faro e apetite para bons negócios.

Em fevereiro de 1974, aquele jovem inquieto se via, novamente, à espera de uma boa ideia sobre o que fazer com sua vida. Na cama, nada vinha, nem o sono. Só que agora não era mais só ele. Tinha mulher, casa, carro. A vida com que sonhara e havia conquistado.

"E agora, como manter tudo isso?", desabafava em silêncio enquanto via Marisa dormindo ao seu lado.

Levantava e ia até a janela. Com as mãos no rosto, encarava São Paulo como quem pede alguma coisa à cidade.

"A estrada da vida está muito esburacada, mas a paisagem está valendo a pena." Foi nesse período difícil que Marisa escreveu esse bilhetinho para Maroni. Ele o guarda até hoje.

# PARTE III
## A profecia do futuro magnata

No fim da adolescência e começo da vida adulta, na virada dos anos 1960 para os 1970, Oscar Maroni substituiu os cinemas pornôs e prostíbulos do centro velho de São Paulo pelo agito da Rua Augusta, então o *point* boêmio e cultural da cidade.

"Entrei na Rua Augusta a cento e vinte por hora / Botei a turma toda do passeio pra fora / Fiz curva em duas rodas sem usar a buzina / Parei a quatro dedos da vitrine" era o hit que embalava a moçada, já então na regravação de Erasmo Carlos, o Tremendão, ou mesmo na versão dos Mutantes – a música, originalmente de 1963, foi composta por Hervé Cordovil e cantada e interpretada pela primeira vez por seu filho, Ronnie Cord.

"Meu carro não tem breque, não tem luz, não tem buzina / Tem três carburadores, todos os três envenenados / Só para na subida quando acaba a gasolina / Só passa se tiver sinal fechado." Circular pela Augusta não era só flanar entre as lanchonetes e bares, era ficar por dentro das novidades da moda, da música, da cultura – e ouvir o ronco possante dos motores mais desejados. Ter um carrão ou uma moto barulhenta e não ir para a Augusta nos fins de semana era algo inimaginável, um tremendo contrassenso.

As grifes famosas, o status e as boas opções gastronômicas faziam do local uma vitrine para atores de teatro, músicos, artistas de televisão e personalidades de todo tipo. E a identidade da via se construía também pelo inusitado. Não era só *glamour*.

E, claro, era lá que os garotões iam para admirar as moças. Afinal, elas escolhiam sempre a charmosa rua para testar seus poderes de sedução. Em suma, a Augusta era cenário de uma agitação um bocado provinciana, mas intensamente divertida para a juventude.

Sobretudo para quem é de fora de São Paulo, vale localizar melhor essa importante rua de 3 quilômetros que cruza a Avenida Paulista. Suas primeiras referências datam de 1875 – no início, chamava-se Rua Maria Augusta. Nos arquivos municipais, ela já aparece grafada simplesmente como Augusta em 1897.

No século XIX, a região integrava as terras do português Manuel Antonio Vieira. Toda a área se chamava Chácara do Capão, e a Augusta foi aberta primeiro como uma trilha. Ali foram instalados bondes, puxados por burros, em 1890. E, anos mais tarde, os primeiros bondes movidos a eletricidade também passavam pela via.

Já na primeira metade do século XX a Augusta começava a apresentar diferenças entre os seus dois lados, tendo a Paulista como divisor. A região mais próxima do centro da cidade, depois apelidada de Baixo Augusta, começou a ser tomada por prostíbulos. O lado oposto, em direção aos Jardins, sempre foi mais glamoroso.

A partir de 1950, grande parte do comércio fino de decoração se instalaria na Augusta. Aos poucos, as casas residenciais foram dando lugar ao comércio de rua. A via passou a ganhar muitos cinemas, lanchonetes, restaurantes, bares – convertendo-se em parada obrigatória de lazer para jovens e famílias.

Era essa a Augusta frequentada por Maroni. Contudo, entre carrões, moças e lanchonetes, ele passou a observar com curiosidade cada vez mais empresarial o lado do Baixo Augusta. Era um antro frequentado sobretudo por homens. Tinha iluminação mais escura, com postes mais espaçados e longos trechos dominados por sombras. Garotas de programa iam e vinham das casas noturnas – e muitas faziam ponto ali mesmo, na rua.

Desejo, sexualidade, erotismo. Maroni começou a pensar em ter uma casa de entretenimento adulto. Foi numa dessas andanças que ele reencontrou uma profissional conhecida de outras noitadas. De acordo com o próprio exigente Maroni, era uma moça "muito mais bonita do que a maioria que fazia programa nessa região", "nem parecia prostituta de rua".

Eles conversaram por alguns minutos e fecharam um acordo verbal. Foram até um hotel próximo – "de sexta categoria", como ressalta Maroni – e transaram por mais de meia hora. Exausta, a garota foi tomar banho. Ele ficou lá, deitado na cama sozinho, reparando em cada detalhe. Era um ambiente de baixíssimo nível. O tapete vermelho estava gasto, e a parede, muito desbotada. O chuveiro elétrico pingava o tempo todo, em uma horrível sinfonia que muito o irritava.

Maroni teve uma espécie de epifania. Foi ali, indignado com aquela espelunca de hotel, que ele, saciado sexualmente, teve um clarão que mudaria toda a sua existência e seu propósito de vida.

Completamente nu, ele se levantou e foi até o banheiro. Queria compartilhar com sua companheira da ocasião aquele plano grandioso que se desenhava pela sua mente. Parou por alguns instantes, admirando a beleza daquela mulher da vida que se ensaboava lentamente. Surpreendeu-a contando a sua ideia, o plano havido minutos antes, quando ainda se recuperava do orgasmo.

Como todas as grandes ideias, esta era bastante simples, ele reconhecia. Maroni havia enxergado algo tão óbvio, que era estranho pensar como ninguém havia visto aquilo antes. Tratava-se de uma combinação manjada entre o útil e o agradável, a faca com o queijo, a fome com a vontade de comer: em seu modelo de negócios, a mulher entraria com a sensualidade; ele, com a garrafa de bom uísque e com o lençol bem passado, tapetes limpos, paredes bem pintadas; o cliente, com o cheque.

Sua acompanhante gostou do projeto ali vislumbrado. E complementou dizendo que em um ambiente como o que ele descrevia, ela se sentiria muito mais segura trabalhando – afinal, saberia quem estava entrando e saindo, poderia ter controle disso e ainda ganharia uma participação na venda das bebidas. O aval daquela profissional do sexo indicava, para Maroni, que seu plano era perfeito.

Ao espelho, o jovem empreendedor admirava-se. Estava com o ego inflado pela ideia. Ele pretendia, afinal, revolucionar o modelo de sexo pago da escuridão, do lixo para o luxo. Esse seria seu grande desafio. E, para quem adora impor desafios a si mesmo, ter um novo sonho servia como força motriz. Quando acredita em algo, Maroni é daqueles que se entregam aos novos horizontes.

A simples possibilidade de conseguir mesclar safadeza com altos lucros já acelerava seus batimentos cardíacos. Lá no fundo ele tinha certeza de que estava diante de um negócio promissor – mais que isso, algo que tinha exatamente o seu perfil. Contudo, ele sabia que, quando decidisse enveredar por esse caminho, teria de enfrentar o olho torto da família – e julgamentos preconceituosos de muitas pessoas próximas.

Mas se já situamos a Augusta no tempo e no espaço, agora é preciso situar esse momento-chave da vida de Maroni na cronologia de sua vida. A transa com essa prostituta e a epifania ocorreram bem no início de seu relacionamento com Marisa. Isso fez com que ele conservasse a ideia em uma gaveta pouco acessada de seu cérebro. Era um lampejo que vinha, vez por outra, mas com o qual ele apenas convivia. Enquanto levava a vida na cantina do Objetivo, não cogitava ingressar no mundo do entretenimento adulto.

Voltemos a 1974. Maroni estava desiludido, decepcionado, cabisbaixo e sem perspectivas depois que Di Genio foi obrigado a retirar a lanchonete sob seu comando. Naqueles dias, ele só pensava que seu mundo havia ruído. "Tudo por conta de uma maldita regra criada pela prefeitura", pensava Maroni, que jamais imaginaria naquele momento que muitos outros problemas que ele enfrentaria por causa de seus negócios dali por diante teriam a administração municipal como vilã.

Pior ainda era ter de conviver com uma frase dita por Di Genio, seu mestre na arte dos negócios: "Sua vida está amaldiçoada", teria lhe dito o dono do Objetivo. Maroni se recordava da frase, que, vindo de quem veio, para ele era quase a condenação à morte. Moía e remoía cada sílaba. Nada na sua vida era fácil. Ele sempre caía, depois tinha de se levantar. De onde viriam as forças?

A primeira ocupação que encontrou foi atender alguns clientes como psicólogo – na verdade, ainda em formação, já que estava no terceiro ano do curso e, obrigatoriamente, contava com a supervisão do corpo docente da faculdade. Alugou uma sala e passou a clinicar.

Ele ia na contramão de toda escola de Psicologia da época – e isso já ficava claro por suas abordagens em sala de aula. Sua especialidade era a sexualidade, é claro. Um de seus primeiros clientes – cujo caso trouxe um valor emblemático para a sua vida – foi Igor. Era um rapaz oriental tímido, feio, cheio de espinhas, na casa dos 25 anos de idade. Ele sofria de ejaculação precoce e semi-impotência sexual. Até aquele momento, Igor só havia se relacionado com mulheres devidamente apresentadas e aprovadas pela sua família – de orientais tradicionais. O que, dada a sua falta de beleza, não era nada fácil de conseguir: ele não era bom em arranjar parceiras por conta própria.

Maroni ficou intrigado com o problema do garoto. Buscou orientação de uma de suas professoras, justamente a responsável por acompanhá-lo nessas atividades práticas extraclasse. Ela lançou uma ideia ousada: comentou que nos Estados Unidos já havia quem tratasse esse tipo de questão recorrendo a profissionais do sexo. Uma chama acendeu na cabeça de Maroni: era o prazer encontrando o trabalho. Então ele começou a revirar os classificados dos principais jornais da cidade em busca de anúncios de casas de massagem, *relax for men* e garotas de programa que trabalhavam de maneira avulsa.

Sua atenção foi fisgada por um anúncio de tamanho maior, nas cores vermelha e cinza, com os seguintes dizeres: "Romys Massagem: Massagem, Sauna e Privê". Aquilo o deixou meio hipnotizado por alguns instantes. Sua intuição era de que aquele lugar teria algo especial.

No dia seguinte decidiu ir até o estabelecimento, localizado na Rua Caconde, 531, nos Jardins. Sua primeira impressão não foi das melhores. Na verdade, achou o local tão bizarro que chegou a pensar em abortar a visita. Tratava-se de um puteiro de terceira categoria: sofás roxos, carpete vermelho, umidade e um cheiro de mofo insuportável. Gays e lésbicas se espalhavam pelas dependências. Tudo era sujo e feio.

Maroni conversou longamente com a gerente do local, explicou a ela toda a situação e avisou que iria trazer um garoto inexperiente que precisava ser bem tratado. "Para isso, quero a melhor garota de que a casa dispõe", disse Maroni à gerente.

Sem demora, ela mandou chamar uma mulher alta, loira e gostosa.

Parecia um *flash*. Bastou ver aquela mulher para Maroni se recordar, nitidamente, da conversa com a prostituta da Augusta anos atrás. Estava ele de novo em um ambiente ruim e sujo, mas diante de uma mulher interessante, pronta para dar prazer. Se em um lugar horrível como aquele o dinheiro entrava para o dono da casa, imagine só se houvesse um espaço perfeito, paradisíaco.

## O Romys Massagem

Foram algumas noites sem sono até que Oscar Maroni decidisse ingressar no ramo, ainda sem o consentimento de Marisa. Sondou a gerente do estabelecimento. Sua ideia era arrendar o Romys Massagem, ou seja, ele pagaria um aluguel e se tornaria o administrador da casa. Fez as contas e decidiu vender sua moto Honda. O dinheiro era suficiente para alguns meses, o que lhe daria certa folga financeira para implementar as mudanças que imaginava. Contas feitas, oficializou a proposta ao proprietário, que topou.

O negócio estava feito, não tinha mais volta. Ficava ainda uma pendência: como contar a Marisa que era o proprietário de um novo negócio? E, convenhamos, em um ramo nada convencional.

No início, justificava suas ausências noturnas para a mulher dizendo que estava montando um centro com profissionais de sexo cadastrados, e essa equipe iria auxiliá-lo no tratamento de pacientes com problemas sexuais. Marisa fazia que acreditava.

Era um pesadelo para Maroni. Sincero irreparável, ele mal conseguia dormir, remoendo a consciência por estar mentindo para a própria mulher. Odiava ter de inventar histórias, sobretudo para Marisa. Contudo, ao mesmo tempo, imaginava como seria difícil encará-la – pois vislumbrava a reação que ela teria quando soubesse a verdade e o sem--número de dúvidas e questões que levantaria; ele queria ter todas as respostas na ponta da língua.

Prevenido, Maroni decidiu consultar um bom advogado antes de falar com a mulher. Pegou referências com alguns amigos e chegou até José

Roberto Batochio – penalista que décadas mais tarde ficaria conhecido por defender o político Antônio Palocci, ex-ministro da Fazenda do presidente Luiz Inácio Lula da Silva e ex-chefe da Casa Civil da presidente Dilma Rousseff, no caso de quebra de sigilo do caseiro Francenildo Costa. Batochio também seria político: foi deputado federal eleito pelo Partido Democrático Trabalhista (PDT) entre 1999 e 2002 e, em 2014, lançou-se candidato a vice-governador do estado de São Paulo, na chapa do empresário Paulo Skaf.

Foi o jurista quem o aconselhou a não cobrar nada das garotas. Para não ter problemas com seu negócio, Maroni teria de ser apenas um fornecedor de bebidas e de quartos para que os casais transassem. E ponto. A lei era muito clara: ele não poderia de forma alguma ter participação no lucro das mulheres. E elas que combinassem com os clientes, isso era problema e responsabilidade delas.

Se Maroni se envolvesse nisso, poderia ser acusado de crime de exploração da prostituição – e acabar atrás das grades. Esperto, o jovem empresário seguiu à risca o conselho do advogado: centralizou seu lucro na cobrança de entrada, na venda de bebida e no aluguel dos quartos rotativos – o que, aliás, não era pouco.

Marisa já desconfiava da atividade boêmia do marido, entretanto se esforçava para não demonstrar. Foram quatro anos de hesitação até que Maroni, enfim, criasse coragem para contar a ela sobre a natureza de seu negócio. Disse que era dono de uma casa de massagem e seguia firme e forte no início da carreira como psicólogo – mas o dinheiro que entrava do entretenimento adulto era muito mais do que um psicólogo poderia ganhar naquela época.

Demonstrando ser mesmo uma mulher à frente do seu tempo, Marisa aceitou a situação do marido. Claro que fatores como a vida mais fácil e prazerosa proporcionada pelo dinheiro que entrava e a própria alegria que via em seu companheiro facilitaram, e muito, sua decisão.

Quando assumiu a administração do Romys Massagem, a primeira medida de Maroni foi promover uma ampla e completa reforma. Arrancou o velho carpete, trocou os sofás, tratou do cheiro de mofo e arrumou os encanamentos. Também mudou o foco do atendimento da casa: em vez dos gays e das lésbicas, passou a receber e satisfazer apenas homens e casais liberais.

Maroni estava completamente fascinado com aquela promiscuidade que começava a rodeá-lo, a se tornar parte integral de sua vida. Amava tudo aquilo. Era uma criança com um novo brinquedo. Contudo, ele precisava ainda aprender a brincar – e o aprendizado não seria fácil.

Concluída a transformação, o Romys Massagem estava pronto para o funcionamento. Pelo menos fisicamente. Era um sobrado com duas suítes e a parte da sala se transformava em um bar. Mas ainda faltava o principal: as garotas e o time administrativo.

A lição ele havia aprendido com Di Genio, do Objetivo: no mundo dos negócios é preciso se cercar de gente competente. Ao longo dos anos, essa seria sua marca registrada: Maroni se tornaria um excelente formador de equipes.

Ainda durante a reforma, ele recebeu a visita de Geralda, uma garota curiosa que pediu para trabalhar na casa. Foi preciso pouca conversa para que eles se entendessem. A moça convidou Maroni para ir até sua casa, no Largo do Arouche, região central de São Paulo. Foi um passeio nostálgico, já que o jovem empresário passou pelo La Licorne e por vários dos cinemas pornôs que havia frequentado por muito tempo – dessa vez, não mais lamentando a solidão e os parcos trocados no bolso, mas acompanhado de uma mulher exuberante. Maroni sentiu-se um verdadeiro profissional do erotismo. Entretanto, nem tudo era festa.

Ele precisava montar uma equipe sólida e, apesar de estar vivendo seu sonho, nunca tinha trabalhado no ramo antes. Decidiu que o ponto de partida seria aproveitar as pratas da casa. Do plantel original do Romys, manteria três homossexuais – entretanto, em cargos de gerência, longe dos quartos. Lembrava-se de outra lição aprendida com Di Genio: é preciso ter olho clínico para escolher as pessoas que vão estar ao seu lado. Com o passar do tempo, Maroni se convencia de que esse era o segredo de qualquer negócio bem-sucedido.

Marcos, que preferia ser chamado de Marquesa, seria o primeiro braço direito de Maroni na vida da noite. Virou gerente do Romys.

Dudu, que era um *gentleman*, se tornou o garçom perfeito. Paulinho, cuja especialidade eram os drinques, assumiu o bar.

Animados com as novas funções, os três contribuíram para dar uma cara despojada ao endereço. O visual era alegre, colorido. Dudu tinha olhos verdes e, quando contrariado, executava passos de balé clássico no meio do Romys, aos berros esganiçados de "eu sou o cisne negro" – era assim que aliviava seu estresse, e os clientes se divertiam com aquele esquete que se tornaria sua marca registrada. Marquesa era moreno, magro, comprido e passava as tardes costurando trajes para participar das competições que visavam escolher as travestis mais belas da cidade, no Clube Medieval – a primeira boate gay paulistana, que abriu as portas em 1971, na Rua Augusta, e funcionaria até 1984. Certa vez, Maroni e Marisa foram a uma dessas competições. Foi a primeira vez que ele viu dois homens se beijando – e essa lembrança impregnou-se em sua memória. Paulinho era o mais bonito do trio. Alto, moreno e com rosto simétrico, tinha obsessão pelas coisas nos seus devidos lugares.

Para divulgar o novo Romys, Maroni decidiu promover uma festa de relançamento da casa. Pagou anúncio nos principais jornais da cidade. "Romys Massagem: onde suas fantasias se tornam realidade" eram os dizeres. Reuniu um plantel de seis belas garotas para a festa inaugural. Logo os clientes foram chegando.

As coisas iam caminhando animadamente, quando uma das mulheres – uma loira, alta e de avantajados glúteos – discutiu com um cliente. Maroni ficou possesso com aquela situação constrangedora. Cliente em primeiro lugar, se viu obrigado a pedir à moça que se retirasse. Ela saiu contrariada, mas se manteve perto da casa, do lado de fora.

Após o fim da festa, a loira quis se vingar. Seduziu um dos seguranças e conseguiu entrar novamente no estabelecimento. Lá dentro, foi direto para um colchão d'água, luxuosa e cara aquisição de Maroni para entreter os clientes mais criativos. Pisoteou o colchão com seu salto alto até estourá-lo, alagando a casa toda. No dia seguinte, Maroni encontrou tudo molhado. Foi obrigado a comprar novos tapetes e a substituir alguns móveis. Na marra, ele descobriu que não se deve tratar uma prostituta como uma profissional comum.

O trabalho era duro, porém naquele começo tudo era festa. Os primeiros dias do Romys Massagem foram de alegria plena e bom humor constante. Um astral leve e descontraído.

Foi naquela atmosfera que Maroni ouviu pela primeira vez rumores do que viria a ser a síndrome da imunodeficiência adquirida, a aids – observada clinicamente pela primeira vez apenas anos mais tarde, em 1981. Ele conversava com Dudu enquanto passava um pano em uma das mesas e escutou algo sobre uma "doença da perversão gay". Perguntou ao funcionário, que respondeu: "É uma doença dos Estados Unidos, mas só ataca gays", resumiu.

Naquela época, a síndrome era vista pela sociedade como uma praga em resposta divina contra os homossexuais. Maroni recorda-se de que, quando houve a notícia de que a doença estava se espalhando rapidamente, tratou de trazer mais preservativos para o Romys.

O jeito cômico e despojado da equipe em pouco tempo imprimiu um estilo próprio àquele *relax for men*. Eles trabalhavam como se estivessem em família. E, como em toda família, discussões não tardaram a aparecer. O trio vivia em atritos, em uma briga para saber qual dos três tinha mais poder dentro do negócio. Maroni inventou então uma solução para agradar a todos. Era um novo sistema de gerência: a cada 30 dias, um deles ficaria como gerente geral da casa, em um esquema de rodízio. No final, acabavam todos rindo dessas discussões bobas.

## Conflito interno

O novo empresário do sexo passava as tardes ao lado do telefone. Queria sentir o impacto dos anúncios veiculados rotineiramente nos jornais, atendendo as ligações de clientes que queriam mais informações sobre a casa. Certo dia, para sua surpresa, recebeu a ligação de uma mulher.

Ela estava apreensiva, um tanto nervosa, porém decidida. Queria contratar um homem para satisfazer seus desejos. Oscar Maroni explicou que não seria possível, pois ele tinha contato apenas com mulheres prostitutas, e não homens. Mas, intrigado, começou a dar corda para o papo da moça. Passou a fazer perguntas sobre o que ela gostaria, afinal, de fazer entre quatro paredes, que fantasias sexuais estava disposta a realizar.

Ao ouvir sua resposta, Maroni foi tomado por tesão. Ela seduziu o empresário ao dizer que queria fazer sexo anal, apanhar e ser amarrada na cama. Foi uma hora de conversa telefônica falando sacanagens, até que o próprio empresário decidiu se prostituir. Eles definiram um valor – algo em torno de R$ 500 pelos valores atuais –, o local, a data e o horário do programa. O prostituto ocasional foi para o motel levando uma garrafa de vinho.

Sua primeira experiência como garoto de programa ocorreu em um motel próximo à Rua da Consolação, no centro da cidade. Chegando lá, Maroni falou com um dos recepcionistas, que lhe informou que sua cliente já estava aguardando no quarto. Entre ansioso e um pouco nervoso, Maroni cultivava a esperança de que a mulher fosse exuberante, linda, gostosa. Ledo engano. Quem o esperava era uma senhora de meia-idade, muitos anos mais velha que ele. Media cerca de 1,55 metro de altura, era magra, desprovida de peito, tinha cabelos curtos e grisalhos. Vestia um *baby-doll* de cetim azul e sapatos de salto alto.

Profundamente decepcionado com os predicados de sua primeira cliente, Maroni decidiu começar servindo o vinho – afinal, o álcool tem esse poder de melhorar a aparência dos outros. Apesar das feições pouco convidativas, a mulher era sedutora e cheia de tesão reprimido. Começou tirando o cinto e a calça dele, ao mesmo tempo que ele bebia sua taça de vinho.

Ela fez o que pôde para caprichar no sexo oral. Em seguida, Maroni tirou seu *baby-doll*, mas, ao beijar seu corpo, sentiu um forte cheiro. Nada sensual. Nada convidativo. Ele broxou. Não uma, mas duas vezes.

Mais do que constrangedora, a situação era complexa. Maroni sentia que não tinha para onde correr. Apagou as luzes e imaginou que estava diante de Jane Fonda, de Catherine Deneuve, enfim, por sua cabeça começaram a desfilar todas as musas com as quais já havia se encantado. Era em todos os amores platônicos que pensava, menos na mulher ali deitada, nua, à sua frente.

Por fim, ainda que com o membro não totalmente ereto, conseguiu satisfazê-la. Estava concluído o trabalho. Aliviado, acendeu as luzes, pegou o dinheiro combinado e foi embora. Já no carro, enojado e decepcionado com a situação pela qual havia passado, foi parado num semáforo da Avenida Paulista. Era um mendigo pedindo algum trocado para comer.

Maroni não teve dúvida: deu a ele todo o dinheiro que havia acabado de receber. O pedinte até se assustou com tanto. Maroni foi embora. Queria esquecer completamente aquilo que tinha acabado de vivenciar.

# PARTE IV
## Mulheres protagonistas

Todos nós temos aquele ano-chave da vida. O de Oscar Maroni foi em 1978. Na época, além do consultório e do Romys Massagem, ele dava aulas de Psicologia Experimental na Faculdade Objetivo. Essas aulas contavam como horas de estágio, contribuindo para sua formação. Mais do que isso, eram fundamentais também para a consolidação de sua personalidade.

Entre seus alunos havia Joana, uma linda morena.

Ela era aplicada e estava sempre às voltas com seu professor preferido. Sentava-se na carteira da frente e exibia para aquele jovem mestre olhares perigosos e sorrisos matadores. Após as aulas, era comum que tomassem café juntos e conversassem por horas a fio. Judia, de beleza excepcional, Joana era jovial e sabia usar os quadris como ninguém.

Em uma noite chuvosa, ela pediu carona para o professor. Ele, nitidamente em conflito com os sentimentos diante do fato de que era casado mas desejava a moça, inventou uma história qualquer, um compromisso, e acabou não a levando embora. A garota decidiu pegar mais pesado: nas semanas seguintes, abusou ainda mais dos decotes e saias curtas. Joana queria provocá-lo.

Até que Maroni resolveu chamá-la para uma conversa após a aula. Ela se esquivou, dizendo que estava com pressa para ir para casa.

"Joana, já que você está com pressa, o que acha de eu lhe dar uma carona? Aí conversamos em meu carro...", contra-atacou Maroni. A morena aceitou.

A proximidade deles no carro fez com que o professor se convencesse de que realmente havia um clima entre os dois. Ele ficou com muita vontade de possuir aquela jovem garota, envolver-se com a aluna. Mas, em sua cabeça, um dilema o consumiu por semanas. Marisa estava grávida – esse era o ponto mais importante daquele 1978. Em breve ele sentiria pela primeira vez as dores e as delícias de ser pai.

E agora? Seguir ao lado da mãe de sua filha, que estava para nascer, ou se entregar a uma aventura que ele sabia bem como poderia acabar? Foi novamente uma coleção de noites insones até que ele, em um ato insano, resolveu ir até a casa dos pais de Joana para pedi-la em casamento. Inconsequente, nem sequer conseguiu completar a frase. Terminou expulso da casa e renegado pela família da moça.

Para sua sorte – ou seu azar –, Joana não se importava nem um pouco com a opinião da família. Então aproveitou a deixa e resolveu fugir de casa com seu professor de Psicologia Experimental. Alugaram um flat na Avenida Cidade Jardim, no Jardim Paulistano, zona sul de São Paulo. A partir de então, Maroni assumiria uma vida dupla.

Aquela situação era moralmente desgastante para ele. Em consulta ministrada na faculdade, ouviu lamúrias de um paciente que estava traindo a mulher e tinha dificuldade de contar para ela. Maroni sofreu sozinho. Era inevitável comparar sua vida com a de seu cliente. E sua filha Aritana havia acabado de nascer, o que aumentava ainda mais a sensação de culpa. Ele pensava muito nela e em como aquela traição poderia afetá-la.

Voltou para casa se autoanalisando. Estava decidido: iria abrir o jogo com Marisa naquela mesma noite.

Como bom descendente de italianos, chegou e já foi falando tudo de uma só vez. Sua mulher, como era de se esperar, não recebeu nada bem a história. Foi uma choradeira, apenas interrompida para as amamentações da nenê. Brigaram a noite inteira e só pararam quando caíram no sono de tanto cansaço e estresse.

No dia seguinte, Maroni voltou do trabalho e encontrou Marisa toda arrumada, usando um vestido vermelho de gala. "Oscar, arrume-se que nós vamos jantar", convocou ela.

Meio ressabiado, mas ao mesmo tempo sem ter muito o que fazer, o empresário aceitou o convite. Durante a refeição, uma massa regada a um bom vinho, Marisa foi mais direta com ele. Disse que aceitava sua vida dupla, desde que ele continuasse sendo seu marido e cumprisse dignamente as responsabilidades como pai.

Marisa e Oscar com os filhos Aruã, Aratã, Acauã e Aritana

Era o alvará que ele queria. Maroni iniciou então uma rotina muito diferente da comum. Nos dias pares, ficava com Marisa; nos ímpares, ia para o flat, para os braços de Joana. As duas, inclusive, chegaram a se conhecer e conversaram algumas vezes.

Se não havia mais desgaste moral, a nova configuração acabou por deixar Maroni cansado. No fundo, era um sentimento de falta. Ele não conseguia se adaptar muito bem a nenhuma das duas funções. Sentia que não era um bom marido para nenhuma delas, pois sempre ficava pela metade. Viu que era impossível se dividir entre duas mulheres, duas casas, diversas responsabilidades diferentes com cada uma e ainda com a filha recém-nascida.

Foram novas sessões de autoanálise para que Maroni caísse em si. Enfim, ele tomaria uma decisão. Com Aritana crescendo e cada dia descobrindo algo novo, era impossível não voltar ao seio do lar. A cada olhar trocado com a filha, ele se encantava mais com a função de pai.

Maroni retomou sua vida apenas com Marisa. O fogo entre o casal estava novamente aceso, e a vida sexual deles atingia um novo ápice. Quanto a Joana, desapareceu de sua vida da mesma maneira que apareceu.

## Casos do consultório

O Romys Massagem e a vida em família iam muito bem naquele início de 1979. No trabalho, Oscar Maroni estava realizado: trabalhava com a sexualidade de uma maneira que o fascinava; em casa, só alegria: ver a filha se desenvolvendo era o ponto alto de sua rotina. Ao mesmo tempo, Maroni não queria abandonar a psicologia. De certa forma, uma atividade completava a outra. E ele nunca foi de abandonar as coisas pela metade. Maroni percebia que ajudar seus pacientes era uma maneira de ajudar a si mesmo.

Já formado, tinha consultório próprio e total liberdade para escolher seus pacientes. Ao contrário dos tempos em que, ainda estagiário, clinicava sob tutela dos professores, agora seu trabalho podia ser 100% autoral.

Maroni queria dar um novo passo. Buscar desafios maiores. Sem receio, usava técnicas originais e muitas vezes ousadas em seus clientes. Para ele, o ser humano é fascinado pela psicologia justamente porque todos buscam respostas para seus dilemas, dúvidas e sensações. Então ele fazia de tudo, mesmo quando precisava ultrapassar as barreiras do aceitável, para ajudar aqueles que o procuravam.

Essas convicções já se manifestavam quando ele era estudante. Muitas vezes se viu marginalizado nas aulas por emitir opiniões e ter atitudes contrárias ao *status quo*. No último ano da faculdade, por exemplo, discutiu pesadamente com uma professora. Ele não concordava com a prática de que alunos calouros assistissem às consultas dos veteranos através de um vidro filmado, instalado em algumas salas da instituição. Para ele, aquilo roubava a privacidade dos atendimentos. Esses conflitos deram a ele experiência para lidar com a pressão. De certa forma, a característica ficou forjada em sua personalidade.

Seu consultório ficava perto da Paróquia Nossa Senhora da Saúde, na Rua Domingos de Morais, na Vila Mariana, zona sul de São Paulo. O local era movimentado, o que lhe garantia uma clientela incomum a alguém em início de carreira. Maroni dividia o espaço com dois outros psicólogos mais experientes. Reunia-se com eles semanalmente após o expediente, para discutir seus casos.

Entre um paciente e outro, Maroni estudou muito as teorias que mais o inspiravam. Sua primeira influência direta foi o fisiologista russo Ivan Petrovich Pavlov – cientista que tem papel fundamental no desenvolvimento da psicologia moderna. Em 1888, Pavlov começou a ganhar destaque com seus estudos e experimentos sobre a fisiologia do coração, sistema nervoso e aparelho digestivo de animais. Suas pesquisas sobre tais processos lhe renderam o Prêmio Nobel de Fisiologia de 1904.

Contudo, só mais tarde, na década de 1920, ele seria reconhecido por toda a comunidade científica pela formulação da lei de reflexo condicionado. Essa teoria foi formulada pelo russo depois que ele percebeu uma curiosa relação entre causa e efeito na produção de saliva dos cães. Pavlov executou uma experiência, depois famosa, em que tocava um sino imediatamente antes de dar comida para um cachorro. Depois de habituado a esse ritual, o animal começava a salivar só de ouvir o badalar do sino – sem a necessidade de ter a comida diante de si, portanto.

Outra referência do Maroni psicólogo é Shere Hite, sexóloga e feminista teuto-americana, autora de diversos livros sobre a mulher e a sua sexualidade. No mais famoso deles, *Relatório Hite – Um Profundo Estudo sobre a Sexualidade Feminina*, ela apresenta a pesquisa considerada a primeira sobre o comportamento sexual da mulher, ministrada por outra mulher. Se a sexologia se tornou uma ciência séria, os méritos são de Hite. Maroni foi um dos primeiros brasileiros a adquirir o *Relatório Hite* – o livro, um estudo de mulheres entre 14 e 78 anos, esteve proibido no país até 1978.

Compunham ainda seu consultório obras dos ginecologistas e obstetras americanos William Masters e Virginia Johnson, conhecidos pela alcunha conjunta de Masters and Johnson. Juntos, eles revolucionaram os conhecimentos sobre a sexualidade no fim dos anos 1950. O casal foi pioneiro nos diagnósticos e tratamentos de disfunções e desordens sexuais.

No início, boa parte dos seus pacientes era formada por jovens que apresentavam problemas com drogas – principalmente a maconha, a mais consumida na época. Maroni pesquisou o que estava sendo feito sobre o tema fora do país, principalmente nos Estados Unidos e no Canadá. Descobriu que a grande maioria dos especialistas internacionais tinha uma posição clara: o tratamento só teria real eficácia se o viciado quisesse realmente largar a droga.

Maroni discordava disso. Levantou a bandeira de que o psicólogo, sempre que fosse o caso, poderia também criar situações para convencer o paciente a abandonar o vício, por exemplo. Para compreender melhor a atmosfera dos dependentes, ele passou a frequentar escolas e praças onde o uso dessas substâncias era comum. O psicólogo queria presenciar a realidade das drogas de perto.

Nessas visitas, costumava ir de moto, vestindo calça jeans e camiseta. Queria passar uma imagem de informalidade. Isso fez com que ele, mesmo adotando uma postura firme, conseguisse ganhar o respeito de seus pacientes. Maroni contrariava o senso comum da época, que recomendava internação de usuários de drogas. Ele optava por uma abordagem mais sutil: ia com calma, tentava uma aproximação pacífica, e só então oferecia sessões ministradas em seu consultório.

Foi o que aconteceu em um caso que o marcou de maneira especial. A mãe de um aluno de um colégio próximo ao seu consultório, no bairro de Vila Clementino, também na zona sul de São Paulo, foi procurá-lo. Chorava copiosamente porque o filho, segundo ela, não parava de fumar maconha. Maroni pediu para a senhora o endereço da escola e os horários de entrada e saída do garoto. Quis também uma foto dele – guardou-a na carteira para tê-la à mão quando precisasse identificá-lo.

No dia seguinte à conversa, chegou cedo ao local. Esperou o jovem sair da aula e, ao avistá-lo, rapidamente o abordou. Em um primeiro momento, o rapaz se assustou, pensou que Maroni fosse da polícia. O psicólogo precisou usar a força para segurá-lo pelo braço, explicando a situação. Ele mostrou a foto 3 x 4 do garoto que estava em sua carteira e disse que sua mãe havia lhe dado para que ele conseguisse reconhecê-lo. O menino ficou desesperado. Maroni, calmamente, prosseguiu seu discurso: disse que não estava ali para censurar ninguém, mas sim para ajudar. Em seguida, apresentou-se como psicólogo.

Já com o paciente mais calmo e buscando uma reversão do quadro, Maroni assumiu uma postura rígida, falando com franqueza sobre a tristeza da mãe e expondo isso de uma maneira que nem ela própria conseguiria. Abordou também os problemas que o uso de droga poderia lhe causar. Tudo isso acabou convencendo o moleque a iniciar um tratamento.

Após alguns encontros entre os dois no consultório, o jovem largou a maconha. Foi a primeira grande vitória de Maroni como psicólogo. De acordo com suas contas pessoais, dos dez pacientes que chegaram com problemas com drogas, conseguiu tirar seis deles do vício. Uma grande vitória, ele avalia.

O psicólogo também encarava casos pouco comuns, daqueles que poucos topariam. Em uma terça-feira de manhã, pouco depois de chegar ao consultório, Maroni recebeu uma ligação. Do outro lado da linha, uma voz masculina e nervosa. O homem se identificava como Teodoro e pediu um horário no mesmo dia. Diante da agenda cheia, o psicólogo negou a possibilidade. Porém ele insistiu tanto que conseguiu convencê-lo a abrir uma brecha.

Chegou à clínica às 16 horas. Era um homem de 45 anos, 1,80 metro de altura, cabelos pretos. Vestia um elegante terno de alfaiataria. Apesar de ansioso, era muito educado; aparentava ser alguém de alto poder aquisitivo e influência.

Teodoro foi direto, sem rodeios. Contou que havia perdido o pai muito cedo e era o irmão mais velho, seguido de duas mulheres, Valéria e Marina. Sua mãe havia morrido na última sexta-feira, de câncer no intestino. E ele se via em meio a uma contenda familiar: Valéria acusou a irmã caçula de ter matado sua mãe de desgosto, afinal ela mantinha um relacionamento amoroso com um homem casado. Marina não aguentou a pressão e tentou se suicidar, jogando-se do seu apartamento, no terceiro andar, um dia após a morte da mãe. Socorrida pelo irmão, Marina foi levada ao hospital e logo veio o diagnóstico: ficara paraplégica.

Completamente perdido, Teodoro buscava ajuda porque não sabia mais como lidar com a situação. A mãe morta, uma irmã deficiente, a outra agora sentindo remorso. Foram três meses de conversa com Teodoro. Então Maroni propôs iniciar o tratamento também com Valéria. Amigos próximos, parentes e até o ex-amante de Marina foram ouvidos pelo psicólogo – com um quê de investigador.

Seu tratamento focava em como minimizar a dor da irmã caçula. Quando ela estava mais tranquila, já se recuperando, seis meses depois do ocorrido, Maroni decidiu encontrá-la. Marcou uma consulta em sua casa.

No início ela resistiu. Depois de algumas sessões, ainda de maneira lenta, começou a aceitar o tratamento. Aos poucos, ela revelou ao psicólogo a falta que o sexo fazia em sua vida. Nesse ponto, Maroni começou a ver um potencial de melhora. Ele passava a acreditar que aquele cenário também podia ter um fundo sexual, por isso adotou uma postura mais ousada. Por meio de argumentos a favor das expressões de sexualidade, Maroni tentou convencê-la a se masturbar.

Não era fácil. Se falar sobre esse ato sempre costuma provocar constrangimento, imagine pedir para uma paraplégica que o fizesse – e isso no início dos anos 1980.

Em seu livro *Elogio da Masturbação*, o psiquiatra e antropólogo francês Philippe Brenot explica que o hábito, de pecado a ser condenado e doença a ser tratada, transformou-se em recurso utilizado por especialistas para melhor conhecer a sexualidade e, cada vez mais, tem se tornado aceito como comportamento inerente ao desenvolvimento sexual saudável. Naquela época, Maroni já seguia essa filosofia e, com ela, conseguiu convencer sua cliente – que a essa altura já havia recuperado parte dos movimentos das mãos e braços – a se masturbar.

A masturbação é um estado mental. Pensando nisso, Maroni acreditava que a paciente, ao ser estimulada por ela, iria contagiar todos os outros sentidos, mesmo que de forma minimizada. Ele tinha razão: o problema de Marina, além de tudo, tinha origem sexual – e a partir do prazer sexual ela pôde, enfim, progredir no tratamento. Essa descoberta do jovem psicólogo desencadeou um crescente processo de evolução na situação da paciente. Foram meses de consultas semanais.

No segundo estágio da terapia, Maroni passou a utilizar fortes argumentos para tentar convencê-la de que sua atitude de sair com um homem casado era algo quase natural dos seres humanos. Ele chegou a usar seu exemplo pessoal com Marisa para ilustrar o que dizia – essa participação seria reprovada veementemente pelas escolas de psicologia.

Após quase dois anos de tratamento, Marina estava recuperada. Não só os movimentos parciais da perna foram restabelecidos, mas também a capacidade de conviver em sociedade.

Aos poucos, Maroni foi construindo uma reputação positiva na área. Era um psicólogo cada vez mais procurado quando o assunto em questão envolvia a sexualidade. Isso foi motivo para que um conhecido arquiteto de São Paulo, que aqui chamaremos de Carlos Augusto, batesse em seu consultório.

Ele era muito comunicativo. Nem bem havia se deitado no divã, já foi soltando pérolas: "Doutor, eu não sou bicha. Eu sou tricha".

Em silêncio, Maroni ficou pensando. Tentava entender o que seu paciente dizia. Acomodou-se na cadeira e, boquiaberto, não lhe restou alternativa senão prosseguir ouvindo o arquiteto.

"Querer que eu coma uma mulher gostosa, para mim, é tão ofensivo quanto o doutor ser enrabado por um homem bem-dotado", prosseguiu Carlos Augusto.

Maroni ficou meio embasbacado com o jeito direto do seu paciente. Era um bombardeio de sinceridade. Respirou fundo e tentou racionalizar a emoção, mais ou menos da mesma maneira como costuma fazer consigo próprio.

O problema de Carlos Augusto não era o desconhecimento da homossexualidade. Seu problema era não querer aceitá-la de fato, devido ao forte preconceito que todos os que não eram heterossexuais sofriam na época.

Mas o arquiteto era muito inteligente. Isso fez com que ele e Maroni travassem longos duelos intelectuais, com argumentos de todos os tipos. Isso, para o psicólogo, era o prazer absoluto. Ele desfrutava da situação não como se estivesse clinicando, mas como se conversasse a uma mesa de bar com um grande amigo.

O importante é que, como resultado, o gelo entre os dois parecia ter se quebrado. Esses bate-papos, no *modus operandi* de Maroni, funcionavam como uma espécie de introdução – gradualmente, o amigo era substituído pelo psicólogo, que, tomando as rédeas da situação, conduzia a discussão para as pendências mais urgentes do paciente.

Maroni compreendia que é preciso limpar a ferida todos os dias e, com o tempo, ela vai sarando. No começo arde um pouco, é verdade, mas depois passa. O psicólogo acreditava nessa escola. E, com os argumentos que utilizava em suas sessões, pouco a pouco ia convencendo Carlos Augusto, provando que às vezes nada pode ser melhor do que uma boa conversa.

Para Maroni, a beleza da psicologia se apresenta quando o psicólogo tem a sensibilidade de usar a técnica que se adapte ao caso de cada paciente. A Carlos Augusto ele procurava mostrar que os sentimentos e comentários dos outros não tinham lógica alguma, e que o arquiteto não poderia se machucar pelo que eles pensavam. Carlos não deveria nunca ter vergonha daquilo que era. Foram meses e meses desses papos insistentes até que o paciente finalmente pudesse compreender que ele, se aceitando, teria uma vida muito mais fácil, independentemente daquilo que os outros achassem. E foi isso que aconteceu.

O arquiteto foi o primeiro de uma série de clientes homossexuais que Maroni atenderia. Para todos eles, homens ou mulheres, o psicólogo tentou demonstrar que sua condição não era uma perversão, mesmo em um tempo em que a maioria da sociedade pensava exatamente o contrário.

Em paralelo, o Romys ia se consolidando na noite paulistana. Seu time de funcionários estava azeitado e conseguia levar o dia a dia do *relax for men* na raça. Maroni também não deixava o negócio ao deus-dará: passava lá pelo menos uma vez por dia, via sua criação de perto e ajudava sua equipe a conseguir resultados cada vez melhores.

Maroni começou a se afastar do consultório. Em sua vida, a psicologia passou a se restringir aos livros e estudos que promovia sozinho, em que o paciente era ele mesmo. Esse afastamento ocorreu porque o movimento do Romys chegava ao seu apogeu e, ambicioso como era, Maroni resolveu que estava na hora de expandir seus negócios na noite.

O consultório e a psicologia acabaram perdendo a força – porque a noite o engoliu. Não podia tirar os olhos do negócio por vários motivos – o maior deles, sem dúvida, era sua crescente vontade de lucrar cada vez mais, somada ao gosto de viver as melhores coisas da vida.

# PARTE V
## King House, Baco's e Afrodite

O jeito agressivo de Oscar Maroni – que, ao contrário da concorrência, não era nada discreto na hora de anunciar o seu Romys Massagem –, o ambiente diferenciado, o bom atendimento e, sobretudo, a alta qualidade das garotas compunham um mix irresistível para a clientela de seu empreendimento de lazer adulto. O Romys crescia em um ritmo seguro e confortável e, aos poucos, se tornava um dos *relax for men* mais famosos de São Paulo. A movimentação era constante naquela casa que anunciava em cores e letras garrafais nos classificados dos jornais. Maroni comemorava – tinha motivos de sobra para estar feliz.

Seu perfil empreendedor e inquieto traria uma consequência natural desse sucesso: a vontade de expandir os negócios. Maroni estava convencido de que, para sua próxima casa de entretenimento adulto, precisaria de um imóvel próprio – nada de ficar pagando aluguel, como no Romys. Dessa vez, não agiu às escondidas como da primeira. Conversou com Marisa, obteve seu consentimento e apoio.

Então se lançou àquela árdua missão enfrentada por muitos paulistanos quando querem uma casa própria: a busca por um imóvel que fosse perfeito, no palheiro imobiliário da maior metrópole da América do Sul. Perfeito, para ele, seria um imóvel bem localizado, que tivesse uma estrutura necessária ao seu tipo peculiar de negócio e, de preferência, contasse com um projeto arquitetônico diferente e chamativo, que pudesse ser notado de longe.

Alguns meses de procura e Maroni encontrou o que queria. Era um imóvel na Rua Honduras, esquina com a Brigadeiro Luís Antônio, no Jardim Paulista, bairro nobre paulistano. Comprou e, no mesmo dia, contratou o artista e empresário Sergio Longo, encarregando-o da decoração.

Paulistano de nascimento, Longo foi criado no município de Mauá, na região metropolitana de São Paulo. Foi lá que, influenciado pelo irmão mais velho, um oleiro e ceramista, acabou enveredando pelas artes plásticas. Sempre aprendeu sozinho, mas gosta de dizer que, no início de sua carreira, buscava uma arte parecida com a dos abstratos líricos europeus dos anos 1950. Em São Paulo, acabou incentivado pelo pintor e professor Aldo Cardorelli – foi quando passou a se dedicar de modo mais objetivo às artes, consolidando-se no meio.

Para seu cliente Maroni, Longo criou uma casa inspirada no estilo medieval dos *pubs* ingleses. Por fora, imponente. Por dentro, a incômoda e instigante sensação de estar em algum monumento gótico do século XV.

O artista desenhou portas e paredes que lembravam os castelos da Inglaterra e da Escócia. Complementou tudo com esculturas de bronze que davam mais identidade ao lugar. Era um tanto *kitsch*, é verdade. Afinal, além de chamar a atenção, qual o sentido de uma casa de entretenimento adulto se parecer com um monumento medieval na contemporânea São Paulo da segunda metade do século XX?

As características nobres e cheias de referências a castelos fizeram com que Maroni encontrasse o nome ideal para seu novo empreendimento: King House. A reforma e a decoração levaram cerca de um mês.

Curiosamente, o ambiente estilizado e o aspecto diferente do King House acabaram atraindo um público diferente do que Maroni estava acostumado: os sadomasoquistas. Trata-se da junção de duas predileções, ambas relacionadas à dor. O sadismo é a tendência de uma pessoa em sentir prazer ao impor sofrimentos físicos ou morais ao seu parceiro. Já o masoquismo é justamente o contrário: o prazer que advém de sentir esses sofrimentos físicos ou morais.

Se hoje o fetichismo está diretamente ligado à cultura *pop*, na época eram raros os locais em que esse comportamento era aceito. O tema era tabu na sociedade. A grande maioria das pessoas, inclusive, o tratava como doença, como perversão – atualmente, de acordo com a Organização Mundial da Saúde, sadomasoquismo só deve ser tratado como doença se for a única fonte de satisfação do casal ou se o prazer sexual só for possível por meio de suas práticas. Em pouco tempo de funcionamento, o King House já havia se tornado referência para os adeptos desse tipo de fantasia sexual.

Vale ressaltar que essa vertente estava crescendo naqueles anos 1980. Maroni, atento como sempre às movimentações da sociedade quando o tema é prazer, aproveitou-se da maré. Elege Marcos, ou melhor, Marquesa, que pessoalmente gostava de fetiche, para assumir a gerência da nova casa. Dudu seguiu à frente do Romys.

Logo nos primeiros dias de funcionamento do King, entretanto, Maroni foi surpreendido com uma rara falta de Marquesa ao trabalho. O tempo passava e nada de ter notícias de sua dedicada funcionária. Todos já estavam preocupados quando o telefone tocou. Do outro lado da linha, uma Marquesa de voz abatida, que parecia fraca, doente.

Meio constrangida, confidenciou ao patrão que uma peripécia sexual havia terminado mal. Em uma brincadeira com seu parceiro, havia colocado um absorvente íntimo feminino dentro de seu ânus. "Queria me sentir como uma mulher", explicava ela, nervosa.

O absorvente acabou estufando e depois estourando, causando uma série de complicações médicas. No fim das contas, ela precisou passar por uma pequena cirurgia, por isso teve de ficar alguns dias fora do King House.

Era importante tê-la à frente da nova casa. Não só pela sua qualificação e dedicação, mas porque, como ela conhecia muito bem o assunto, sabia do que gostavam os mais variados praticantes do sadomasoquismo.

Maroni compreendeu que suas duas casas funcionavam bem nas mãos de seus funcionários de confiança. Seu time ganhava corpo e experiência. Ele estava conseguindo implementar, na prática, a lição aprendida com Di Genio: cercando-se de boas pessoas, de um estafe de qualidade. Bem assessorado, julgou ser oportuno aproveitar o momento para expandir ainda mais.

Pensava em abrir uma outra casa nos moldes do Romys Massagem. Começou a sondar locais que pudessem funcionar assim. Recebeu a indicação de que em um prédio da Avenida Paes de Barros, no bairro da Mooca, zona leste de São Paulo, havia uma sauna comum masculina em funcionamento.

Maroni ficou encantado com a possibilidade. Imaginava um ambiente perfeito para que seus clientes aproveitassem bons momentos da vida: não somente transando, mas também compartilhando a sauna e trocando ideias. Nem bem viu o imóvel e já estava decidido a comprá-lo.

Nascia o Baco's, uma casa em homenagem ao deus do vinho e dos excessos – principalmente sexuais. Baco foi o nome que os romanos, na Antiguidade clássica, deram a Dionísio, divindade já cultuada pelos gregos.

A nova casa era mais informal do que as outras duas. Virou exatamente aquilo que Maroni previa: um lugar onde a clientela não ia apenas para transar. Tinha uma atmosfera mais próxima de um clube, um lugar para descansar. Muitos homens tornaram-se assíduos frequentadores aos sábados, por exemplo, quando iam até lá na parte da tarde somente para tomar uma sauna – e admirar as garotas que andavam seminuas pela casa.

Paulinho ficou com a gerência do empreendimento. A essa altura, Maroni já experimentava sucesso no ramo, sendo conhecido e reconhecido pela boemia de São Paulo. Isso garantiu que o público viesse naturalmente conhecer o Baco's, sem que ele precisasse alardear tanto a novidade.

A sanha com que Maroni havia se atirado à busca de imóveis naquela época, querendo expandir seus negócios a todo custo, também despertou possíveis vendedores. Por isso, nem acomodado ainda estava com os três empreendimentos, Maroni acabou avisado por um amigo de que havia uma casa nos moldes das suas à venda na Avenida Jurucê, em Moema, bairro da zona sul paulistana.

O empresário foi, viu, gostou. E comprou. Em sua fase de adoração aos deuses da Antiguidade, não teve dúvida: o novo *relax for men* se chamaria Afrodite – para os gregos, a deusa do amor, da beleza e da sexualidade.

Com quatro casas do ramo, Maroni chegava ao fim dos anos 1980 transformado em magnata. O magnata do prazer.

## Afinal, quem manda mais?

Negócios em alta. Área conhecida pelo prazer. Mulheres lindas por todos os lados. Entretenimento. Lazer. Quem via de fora podia imaginar que Oscar Maroni tinha uma vida só de bonanças e curtições. Ledo engano. Administrar simultaneamente quatro casas noturnas deixou o empresário equilibrando-se entre um ataque de nervos e um problema novo, outro ataque de nervos, mais um problema, e assim por diante. Na prática, ele aprendeu mais uma lição: sucesso financeiro não necessariamente significa vida tranquila.

Ao mesmo tempo, Maroni começou a ficar visado por policiais corruptos em busca de benefícios próprios. Eles costumavam aparecer uma vez por mês, sempre em dupla. Chamavam o empresário de canto, visivelmente preocupados em não ter nenhuma testemunha. Então começavam a dizer que a casa não estava completamente adequada, que uma hora ou outra poderiam ter de cumprir algum mandado, fazer uma vistoria. Por fim, pediam dinheiro – na maioria das vezes – para deixar tudo para lá, na tranquilidade para todo mundo. Em alguns casos, chegavam a propor apenas beber uma ou outra de graça.

Maroni não costumava ceder. Para ele, lugar com lista VIP cheia de "delegadozinho" é balada de trouxa. Ele dizia querer limpar esse hábito. "Policial bom não dá carteirada. O que dá problema muitas vezes é aquele investigadorzinho que fica mostrando a arma tentando intimidar", comentava.

Certa vez, chegaram a lhe pedir o equivalente a R$ 200 mil. Era o preço para deixá-lo em paz. Ele não pagou. Contudo, essa situação deixava o empresário muito desconfortável. Se por um lado era complicado lidar com os achaques de policiais, por outro havia a preocupação com a família. Maroni tinha receio de que ficassem visados. Naquele início de 1987 nascia seu terceiro filho, Aratã; Aritana e Aruã já tinham, respectivamente, 8 e 4 anos – o caçula Acauã viria dois anos mais tarde.

Além disso, também precisava gerir os problemas inerentes a qualquer negócio, agruras experimentadas por empresários de todos os ramos no país. Eram quatro casas noturnas, e em todas havia questões que acabavam tendo de ser resolvidas por ele – mesmo que contasse com uma afinada equipe de gerentes. Isso ia desde tentar renegociar preços altos exigidos por algum fornecedor, até algum ex-funcionário descontente que ameaçava processá-lo. Obcecado, Maroni se dedicava ao negócio de modo cada vez mais intenso.

Foi nessa época que ele conheceu Tania Maciel, dona da casa noturna Kilt, um curioso estabelecimento em forma de castelo localizado na Rua Nestor Pestana, em pleno centro de São Paulo. Em comum com Maroni, Tania também tinha de lidar com policiais corruptos que ameaçavam lacrar seu negócio.

Tania tratava essa questão das propinas como algo natural do ofício. Maroni se surpreendeu com isso. Para ele, tal comportamento era execrável. Nas conversas com a amiga concorrente, ele começava a demonstrar sua intolerância e senso de justiça um tanto peculiares.

Certa noite, no Afrodite, Maroni foi abordado por dois policiais. Eles alegavam que não tinham recebido "o pagamento da semana" da casa. Queriam, na hora, o equivalente a R$ 2 mil em dinheiro vivo. Caso contrário, ameaçavam levá-lo para a delegacia, no caso o 4º Distrito Policial, no bairro da Consolação. Ele seria acusado de lenocínio, ou seja, de explorar a prostituição.

Visivelmente nervoso, acabou conduzido ao DP. Lá encontrou Tania e alguns outros colegas da noite. Estavam felizes, estranhamente felizes. Bebericavam champanhe – Tania havia levado uma garrafa para a delegacia. Essa cena acabou se tornando comum na rotina de Maroni. E a refinada bebida virou uma espécie de símbolo de protesto da classe dos "boêmios e noturnos" – como os donos de estabelecimentos da noite gostavam de se chamar – em revolta contra as condutas dos policiais corruptos.

Maroni já beirava os 40 anos. Não era mais um moleque para quem tudo era festa. Mesmo com sua energia aparentemente infinita, era preciso dar uma acalmada. No início dos anos 1990, cansado dessa rotina cheia de problemas e a sensação de impunidade diante dos reiterados pedidos de propina, decidiu que o melhor seria se desfazer de suas casas.

Entretanto, não admitiria um recuo em seu padrão de vida. Afinal, não teria chegado até aquele patamar para desistir. Então começou a procurar atividades em que conseguisse ter lucro semelhante. Viu a possibilidade de se tornar fazendeiro.

Comprou 40 alqueires de terra em Avaré, município a 268 quilômetros da capital paulista. Isso equivale a quase 1 milhão de metros quadrados – praticamente 100 campos de futebol. Na propriedade, batizada de Santa Rita, Maroni passou a criar gado confinado.

Trata-se de um sistema, então novidade no Brasil, em que o animal é criado em ambientes restritos, com alimentos servidos no próprio cocho. Em suas contas, o negócio parecia ótimo: bastavam três meses para que o boi assim tratado apresentasse um aumento de 30% na carcaça. O lucro era certo.

Quando ele estava em São Paulo, a Santa Rita ficava sob os cuidados dos caseiros Edivaldo e Gilberto, funcionários que Maroni batizou de "capitães da área". A prosperidade iminente do agronegócio, contudo, animava o empresário a dedicar mais e mais de seu tempo à fazenda. Foi uma época em que o agitado deu lugar ao bucólico em sua vida.

Ele passou a gostar de pequenos prazeres, como arriscar banhos de chuva de madrugada na relva. Também se afeiçoou a animais, de todos os tipos, principalmente cães da raça rottweiler. Maroni foi um dos primeiros brasileiros a criar animais dessa raça. Chegou a ter três dezenas deles na Santa Rita.

A carreira de Marisa ia bem. A essa altura, ela atuava como psicóloga infantil em escolas de São Paulo. Maroni estava muito propenso a deixar para trás toda a vida de empresário do ramo de entretenimento adulto e mergulhar completamente no agronegócio. Pensava na família e nas pressões oferecidas pelas casas noturnas. Por outro lado, acabava sofrendo calado com as conclusões a que chegava: Maroni não gosta de desistir. Nesse caso, estava desistindo de algo que amava desde a adolescência – quando, sem dinheiro no bolso, tentava convencer prostitutas e seguranças a lhe darem acesso às boates da Boca do Luxo.

Estava nessa encruzilhada. Novamente passando noites sem dormir. Pensando, pensando e pensando. Foi quando recebeu um telefonema. Um empresário português o convidou para conhecer uma casa noturna chamada Bahamas Club, em Moema, mesmo bairro de sua Afrodite.

O empreendimento era do português. Mas, inexperiente no ramo, o sujeito não conseguia fazer o negócio engrenar. Contra ele também pesava o medo dos achaques policiais e todo o cenário de corrupção que cerca esse mundo do lazer adulto. Queria passar o ponto adiante, como se diz. E logo pensou que Maroni poderia ser o sujeito certo para fazer o Bahamas crescer e prosperar.

Por telefone, Maroni simpatizou com o português. Decidiu que não custava nada ir conhecer o local, apesar de seus planos de abandonar o ramo. No fundo, alimentava um fiapo de esperança de que uma reviravolta o demovesse da ideia.

Dia e horário acertados, Maroni chegou ao endereço – não muito distante do Bahamas atual – na Avenida Imarés, em Moema, e de cara já se encantou com o que viu. Era charmoso. Era imponente. O ambiente o agradava.

Voltou para casa mais dividido do que estava antes. Por um lado havia o medo das incertezas do ramo e a possibilidade de uma nova vida mais sossegada com os negócios no interior. Por outro, a vontade de crescer ainda mais na noite paulistana. Colecionou mais algumas noites de insônia. A sensação era cada vez melhor, mas ainda lhe faltava coragem para bancar o negócio.

Ele não iria desistir de tudo o que já havia conseguido naquele universo. Por outro lado, para encarar mais essa, precisava encontrar solução para os velhos problemas.

Um amigo sugeriu que ele conversasse com algum político. Pelo menos para se aconselhar, tentar entender as brechas que permitiriam – ou não – que seu negócio prosperasse sem tantos problemas com a polícia. Indicaram-lhe Mauro Bragato, então deputado estadual pelo Partido do Movimento Democrático Brasileiro (PMDB), conhecido por lutar por minorias – em 2016, quando este livro estava sendo finalizado, ele estava em seu nono mandato, pelo Partido da Social Democracia Brasileira (PSDB).

Nascido em Promissão e criado em Presidente Prudente, ambas cidades do interior paulista, Bragato formou-se em Sociologia pela Universidade Estadual Paulista (Unesp). O político foi prestativo com Maroni. Recomendou a ele que criasse uma associação. "Assim, seus argumentos serão em defesa de toda uma classe e não apenas em sua própria defesa. Isso dará mais força ao seu discurso", justificou.

Convencido de que Bragato tinha razão, Maroni foi ágil em reunir seus concorrentes. Convocou os maiores empresários da noite paulistana para uma reunião em um inferninho da Rua Augusta. Ao lado de Tania, a dona da Kilt, fundou a Associação dos Proprietários de Balneários, Saunas e Duchas (APBSD). Instituíram reuniões mensais, sempre no centro de São Paulo, para debater os problemas do meio e buscar, juntos, soluções possíveis.

Era a primeira vez que se tinha notícia de que gente desse ramo havia se juntado para melhorar o formato desse modelo de negócios no país. Era natural, portanto, que o grupo fosse visto com descrédito até por empresários do meio. Gradualmente, entretanto, essa resistência foi sendo vencida. A seriedade da organização era percebida por quem a via de fora – e outros começavam a se juntar à associação.

Bragato acompanhava de perto. Disposto a comprar a briga, o deputado intermediou uma reunião de representantes da associação com Michel Temer – na época, secretário da Segurança Pública do Estado, posto que ocupava pela segunda vez na carreira.

Na primeira, a partir de 1984, era governo de André Franco Montoro. Temer acabou mexendo com gente grande ao adotar medidas que mais tarde seriam implementadas em todo o território nacional. Partiu dele, por exemplo, a ideia de criar os conselhos comunitários de segurança, os Consegs, que são grupos de pessoas do mesmo bairro ou município que se reúnem para discutir, analisar, planejar e acompanhar a solução de seus problemas comunitários de segurança, desenvolvendo campanhas educativas e estreitando laços de entendimento e cooperação entre as várias lideranças locais.

Foi também dessa sua gestão a criação da primeira Delegacia de Defesa da Mulher do Brasil – consequência direta de uma comissão que ele instituiu para investigar casos de mulheres espancadas; o levantamento acabou lançando luz sobre o descaso de autoridades no país em relação a esse tipo de crime. Também foi Temer quem concebeu a Delegacia de Proteção aos Direitos Autorais, importante instrumento de combate à pirataria, e a Delegacia de Apuração de Crimes Raciais.

Nascido em Tietê, no interior paulista, o advogado Temer já havia sido duas vezes procurador-geral do Estado e deputado federal por um mandato, quando o governador Luiz Antônio Fleury Filho o nomeou novamente para a Secretaria de Segurança Pública – mais tarde, Temer, sempre pelo PMDB, ainda seria deputado federal mais uma vez e vice-presidente nos dois mandatos da petista Dilma Rousseff; em 2016, quando este livro estava sendo finalizado, o político havia se tornado presidente do Brasil, após a conclusão do processo de *impeachment* de Dilma. Era 1992 e a pasta estava sob forte crise quando ele assumiu – dias antes, em um polêmico massacre, policiais haviam matado 111 detentos na Penitenciária do Carandiru, na zona norte de São Paulo.

Maroni e Tania foram os representantes recebidos por Temer. A reunião ocorreu no prédio da Secretaria de Segurança Pública. Foi uma conversa difícil, longa. Temer acabou convencido de que era preciso acabar com a sindicância prévia em São Paulo, ou seja, não poderia mais haver batidas policiais nesses locais sem a instauração de um inquérito – o que tornaria o caso um processo na Justiça. Era o fim dos achaques sem critérios. A partir de então, a polícia não mais poderia simplesmente autuar o estabelecimento sem o conhecimento de um órgão do Judiciário – o instrumento dificultaria a corrupção. Era o que Maroni queria. Como contrapartida, a APBSD se comprometeu a denunciar casas noturnas em que houvesse menores de idade trabalhando, a facilitação ao tráfico de drogas e outras ocorrências. Temer foi pragmático e objetivo. Maroni ficou satisfeito.

O secretário cumpriu a palavra. A sindicância prévia seria proibida dias depois da reunião, fato que pôde ser confirmado pelos empresários da noite graças à publicação no *Diário Oficial do Estado*. Solucionado o que era o problema mais grave para os integrantes da APBSD, as reuniões do grupo deixaram de ser mensais; tornaram-se esporádicas.

Maroni avaliou então que o caminho estava aberto para ele retomar com tudo os negócios. Aquele processo também o tornou uma pessoa mais forte como ser humano. Começava a aflorar com todo o ímpeto existencial a personalidade daquele que fala o que pensa, do amante da liberdade exacerbada, do homem politizado.

Ele, que sempre se sentira injustiçado em relação a como as pessoas viam o seu negócio, estava vingado. Era o momento de se aproveitar da nova situação. Conversou com Marisa, depois com sua equipe. Sua estratégia estava quase pronta. Maroni estava decidido a fechar seus quatro *relax for men* – coincidentemente, o seu contrato com o primeiro, o Romys Massagem, estava para expirar e a proprietária não queria negociar. Já que o negócio havia sido reerguido por Maroni, agora ela pretendia aproveitar e levar também sua parte nos lucros.

Com as quatro casas fechadas, Maroni planejava concentrar todos os seus esforços em apenas uma casa de entretenimento adulto. Seria a maior e a mais conhecida de todas, prometia para si mesmo. Foi quando ele finalmente acionou o português e alugou o espaço do Bahamas Club – com o dinheiro da venda dos outros *relax for men*, uma grande reforma no local foi realizada.

Mais experiente, dessa vez Maroni pretendia planejar tudo para ter o mínimo de dor de cabeça possível. Ao mesmo tempo, já não dependia tanto assim financeiramente do empreendimento, já que sua fazenda em Avaré ia muito bem. Aos originais 40 alqueires, outros 30 haviam sido somados – e agora, em vez de 300 cabeças de gado, eram 1.500 que viviam no confinamento.

## O primeiro Bahamas Club

Completamente reformado, o Bahamas Club da Avenida Imarés, 557, reabriu as portas em 1994. Com apenas uma casa para administrar, Oscar Maroni aproveitou para enxugar sua folha de pagamento – não eram mais necessários tantos gerentes, por exemplo. Entre um ajuste e outro, acabou também contratando gente nova. Caso de Lincon, um senhor já na casa dos 60 anos, fumante compulsivo.

Afeiçoou-se ao novo funcionário. Diariamente tomavam café em uma padaria próxima ao estabelecimento. Eram momentos agradáveis. Conversavam muito sobre tudo, muitas vezes por horas e horas. Falavam sobre mulheres, sobre o andamento da nova casa, sobre questões existenciais...

O patrão notava que a voz de Lincon andava cada vez mais rouca. Passou a insistir para que o funcionário procurasse um médico, pois aquilo não devia ser normal. Foram tantas negativas que decidiu ele próprio, Maroni, levar o sujeito ao consultório.

Lá, o médico abriu a boca do paciente e chamou o próprio patrão para ver.

– Seu funcionário está com câncer na garganta – sentenciou, após uma rápida examinada.

Nem havia dado tempo para Maroni engolir a seco a informação e o médico prosseguiu:

– Ele tem de 6 a 8 meses de vida.

Os meses seguintes foram arrasadores. Maroni acompanhou o passo a passo da morte de Lincon. Vendo-o definhar, revia suas próprias prioridades, examinava sua própria maneira de lidar com a vida. Ele também era fumante.

Foi nessa época que decidiu parar de fumar de uma vez por todas. Sem Lincon, Maroni achou que era hora de ele mesmo ser o único gerente de seu negócio.

Não foi uma tarefa fácil, mas ele acabou colecionando histórias memoráveis, daquelas que até hoje rendem assuntos em rodinhas de amigos. É o caso da "noiva do INPS". A ideia tinha um quê de absurdo, é verdade. Maroni resolveu que seu estabelecimento teria uma suíte grátis disponível. O ônus do usuário seria o fato de que ela era fechada por vidros, ou seja, quem estava transando ali podia facilmente ser observado por todos os que estivessem na casa.

Foi por isso que o quarto ganhou logo o apelido de suíte do INPS. INPS é sigla para o antigo Instituto Nacional de Previdência Social, depois rebatizado de Instituto Nacional do Seguro Social (INSS). Ou seja, é o órgão público que paga as aposentadorias – e também benefícios, como seguro-desemprego, pensão etc. Daí o jocoso nome do quarto, um local que podia ser utilizado por aqueles que não tinham como pagar.

Uma das histórias mais marcantes nessa icônica suíte foi protagonizada por Daniele, uma noiva de 21 anos, 1,70 metro de altura, morena, cabelos compridos até a cintura. Estudante de Educação Física, ela tinha um corpo escultural.

Daniele chegou ao Bahamas Club em uma sexta-feira, já procurando por Maroni. Ela vestia um top de cetim com estampa de onça, saia bege cerca de vinte centímetros acima do joelho e um sapato branco de salto alto. O empresário a recebeu achando que fosse uma garota de programa.

"É o seguinte: eu vou me casar amanhã, e minha fantasia é transar com a maior quantidade de homens possível em minha despedida de solteira", ela disse, surpreendendo-o.

Maroni mostrou que a compreendia, mas era preciso deixar claro que ele não era agente de homens nem de mulheres. Entretanto, se ela quisesse "captar alguns clientes em sua casa", ele permitiria. Daniele aprovou a ideia e, conhecedora da fama daquela suíte ótima para exibicionistas (de dentro) e *voyeurs* (de fora), pediu para utilizar o famigerado quarto.

Foram necessárias duas horas para que Daniele conseguisse convencer oito homens a entrarem com ela na suíte. A moça informou a eles que não cobraria nada, apenas queria o prazer de realizar seu sonho erótico.

Não se fez de inibida. Começou chupando um por um. Depois, tomou um drinque e teve um pequeno descanso. Aí foi penetrada ao mesmo tempo por dois deles enquanto fazia sexo oral em um terceiro e masturbava outros dois. Ficaram lá um bom tempo. Realizada, Daniele saiu do Bahamas pronta para seu casamento.

Funcionários da época contam que aproximadamente 15 pessoas se acotovelaram em frente aos vidros da suíte para assistir ao insólito ato coletivo.

Inesquecível também foi a história de um casal de classe média alta, ambos com cerca de 25 anos de idade. Ela era uma loira natural, de Santa Catarina, magra, tinha cerca de 1,60 metro de altura e peitos acima da média. Vestia calça jeans rasgada e camisa branca com generoso decote. Notava-se que não usava sutiã. Já ele era um francês muito elegante, gerente de uma indústria automobilística aqui no Brasil.

Inicialmente, a ideia deles no Bahamas era ir a um quarto com outra moça. Quando avistaram a dançarina Rosa, uma mulher exuberante que se exibia no *pole dance*, vestida apenas com um espartilho, calcinha cavada e um salto alto vermelho, eles se encantaram. Enquanto a admiravam, Maroni foi ao encontro de seus novos clientes.

A mulher subitamente se sentiu atraída por Maroni. Pediu ao marido um espartilho igual ao de Rosa e sussurrou para Maroni que seu desejo era ir para a cama com ele e seu marido juntos, vestindo aquele traje sumário.

Compreendendo a situação, o empresário mandou que Rosa tirasse o traje no meio da dança e o entregasse à sua cliente. Foram os três ao quarto: a esposa, o francês e Maroni. Mas o marido só concordou com a brincadeira se pudesse ficar apenas assistindo, sem participar.

Maroni transou com a loira. O francês ficou atrás da cortina se masturbando enquanto observava a cena. Essa experiência acabaria se repetindo outras vezes.

Também houve a história dos *voyeurs* do Morumbi. Era um sábado, às 9 horas da manhã, o Bahamas ainda estava fechado. Maroni lavava seu carro em frente ao estabelecimento quando foi abordado por um senhor de aparentemente 60 anos, vestindo calça verde-musgo e camisa social branca de manga curta.

– Vocês fazem show de sexo explícito? – perguntou o homem para Maroni.

– Sou apenas o segurança da casa – respondeu Maroni, com bom humor. – Mas eu faço, sim.

O senhor parecia muito interessado.

– Precisaria ser na minha casa. Quanto é? – rebateu.

Maroni respondeu que seriam R$ 1 mil para ele, outros R$ 1 mil para a garota. O homem sacou o dinheiro do bolso na hora e disse:

– Às 11 da noite na minha casa, então – e já foi anotando o endereço em um pedaço de papel.

Mais do que pelo dinheiro, Maroni ficou entusiasmado pela fantasia. Combinou tudo com uma das garotas com quem estava saindo na época, Eliana. Ela topou na mesma hora participar dessa brincadeirinha remunerada. Como ambos já tinham transado muitas vezes, Maroni acreditava que seria mais fácil consumar o ato na frente de pessoas estranhas.

Tudo combinado, no horário foram os dois para a casa do contratante. Era uma mansão imponente, de construção antiga, no bairro do Morumbi, zona sul da cidade. Antes mesmo de entrar, já perceberam que estariam diante de gente importante.

Maroni e Eliana foram recepcionados por dois seguranças, que os conduziram até uma sala reservada e entregaram para eles um par de toalhas. Pediram ao casal que esperasse por alguns minutos. Se Eliana ria à toa, já imaginando o que fazer com o dinheiro, Maroni estava visivelmente nervoso.

Subitamente, o casal foi chamado e levado até uma sala iluminada à meia-luz. Na plateia, cerca de dez pessoas, entre homens e mulheres, em um camarote circular improvisado. Eram dez pares de olhos atentos, ansiosos para contemplar a *performance* do casal. Maroni ficou apreensivo.

Eliana começou o trabalho dando beijos incendiários nele. Mas seu pênis não se mexia.

"Ué, não é você que é o rei da noite?", ela provocava enquanto ele só pedia ajuda com os olhos, em silêncio.

O tempo foi passando e a situação parecia irreversível. Alguns dos presentes já começavam a comentar o fiasco que seria aquela noite. Então, Maroni percebeu que uma senhora da plateia, de vestido preto, havia aberto as pernas e começava a passar a bolsa lentamente na vagina, pouco a pouco, aumentando o ritmo, com pequenos gemidos. Aquilo deixou Maroni em ponto de bala. Seu exibicionismo aflorou. Ele pegou Eliana de jeito, a colocou de quatro e transaram por quase uma hora.

Essas histórias inusitadas vividas por Maroni, que se dividia entre a administração e a própria labuta em seu negócio, foram parte de sua rotina durante dois anos. O Bahamas estava prosperando. Entretanto, uma notícia deixou o empresário novamente inquieto: o Café Photo havia acabado de abrir um empreendimento luxuoso na Avenida Hélio Pellegrino, no mesmo bairro de Moema. Isso era motivo para Maroni novamente passar algumas noites em claro: havia a ameaça de um concorrente de peso.

Até que, em uma manhã de sexta-feira, ele estava em uma padaria nas redondezas do Bahamas degustando uma *sfogliatella*, seu doce preferido, quando notou que na Rua dos Chanés, em frente à movimentada Avenida dos Bandeirantes, havia cerca de dez casas vizinhas passíveis de serem compradas.

Maroni negociou pessoalmente com cada um dos proprietários. Deu certo: em pouco tempo ele era dono de boa parte de um quarteirão e já pensava em fazer ali um novo Bahamas.

Dezoito meses mais tarde, Maroni não renovou o contrato de aluguel do imóvel da Imarés. Informou ao português que estava saindo porque havia adquirido outro espaço. Pediu ao antigo locatário que colocasse uma placa. Algo como "Mudamos para a Rua dos Chanés, 571". Contrariado com a perda do inquilino, o proprietário do imóvel se negou a instalar o aviso.

Maroni então inventou outra maneira para informar os seus clientes da mudança. Convocou um de seus funcionários para um compromisso em frente ao Bahamas da Imarés às 3 horas da madrugada. Ele já o aguardava ali, com uma lata de tinta laranja fosforescente na mão. Pediu ao funcionário que tirasse os tênis e colocasse os pés dentro da lata. Em seguida, orientou-o a caminhar até o novo endereço do Bahamas, na Chanés. Enquanto o funcionário andava com os pés tingidos de laranja, Maroni escreveu na calçada: "Siga as pegadas do prazer".

Era um novo ciclo que se iniciaria na vida boêmia do magnata do entretenimento adulto.

# PARTE VI
## O novo Bahamas

O Bahamas Hotel Club foi inaugurado em 25 de abril de 1996, depois de 18 meses de projeto, documentação, alvará e obras. Para transformar todas as suas ideias hedonistas em realidade, Oscar Maroni contou com o trabalho de seu irmão, o engenheiro Eros – dali em diante eles trabalhariam juntos pelos próximos anos. Tudo que o empresário queria era um lugar com estrutura que combinasse conforto e luxo com sensações de prazer. Um lugar, como ele costumava dizer nas entrevistas que concedeu na época, que fosse "a favor de pênis eretos, vaginas molhadas e onde cada um põe a boca onde bem entender".

Quando o empreendimento ficou pronto, Maroni sentiu-se em casa como nunca antes acontecera. Antes de dispensar a equipe da obra, teve o cuidado de convocar parte das suas frequentadoras e oferecer um inesquecível show de *strip-tease* para os peões da construção. Eles foram ao delírio.

O novo centro de entretenimento para adultos de Maroni era inaugurado com 2.313 metros quadrados: seis ambientes, restaurante executivo, *american bar*, pista de dança, mesa de sinuca, saunas, duchas e uma piscina. Além, é claro, de 23 suítes repletas de espelhos por todos os lados. Para Maroni, o estímulo visual é fundamental ao sexo. Por isso, o projeto do novo Bahamas pretendia proporcionar aos clientes a possibilidade de, enquanto transavam, observar o ato por todos os ângulos.

Maroni decidiu não promover nenhuma festa de inauguração do novo espaço. Parte de sua clientela cativa já vivia a expectativa da abertura do empreendimento; era uma informação que corria pela cidade. Talvez ele tenha, entretanto, superestimado o boca a boca. Na primeira noite, o público foi um fiasco. Na segunda também. E na terceira. Quarta...

Só na quinta noite a casa lotou. Não parava de chegar gente. Então, o empresário decidiu subir ao teto do estabelecimento para admirar sozinho o trânsito e o aglomerado de curiosos e clientes que queriam ver o novo Bahamas. Para Maroni, então com 45 anos, aquele dia ficou marcado para sempre.

Foi uma época de trabalho intenso. Maroni chegava a dedicar 15, às vezes 18 horas por dia ao seu negócio. Em meio a essa correria, certo dia ele recebeu uma ligação de Tania, a proprietária da Kilt. Após ouvir um pouco a amiga e parceira da noite de tantos anos, ele acabou se queixando do extremo cansaço causado pelo excesso de trabalho. Tratou de se despedir rapidamente, porque precisava voltar aos seus afazeres. Antes de desligar, entretanto, Tania comentou: "Você lembra o Pierrô, Oscar".

Maroni ficou sem entender e perguntou a ela o motivo da estranha comparação. Ela se referia, é claro, ao personagem da *Commedia dell'Arte*, uma variação francesa do Pedrolino italiano. Trata-se daquele palhaço triste, apaixonado pela Colombina, geralmente representado com roupas largas e brancas – algumas vezes metade pretas –, rosto branco e uma lágrima desenhada logo abaixo dos olhos. Pierrô é um lunático, inconsciente da realidade.

Tania disse ao amigo que, assim como o personagem, ele precisava rir – mesmo que sentisse vontade de chorar.

Uma semana depois, Maroni recebeu no Bahamas uma encomenda, entregue em nome de Tania. Dentro do pacote havia um quadro pintado por ela: uma imagem colorida de Maroni como Pierrô, no centro das atenções, segurando o mundo em sua mão esquerda e com uma lágrima caindo do olho direito. Na cena, ele estava cercado por constelações.

Aquela pintura se tornou a mais emblemática entre as diversas obras de arte que ficariam expostas na casa noturna. O quadro passaria a ser quase um símbolo oficial do Bahamas Hotel Club.

Maroni começou a refletir sobre seus dias, reavaliando se estava mesmo trabalhando demais.

Em 1998, aos 47 anos, o magnata do sexo estava no auge de sua vida financeira. O Bahamas havia se consolidado. Recebia cerca de 200 homens por noite, entre jogadores de futebol, políticos, empresários, pastores de igreja e muitos curiosos. Sempre em busca de emoção e prazer, os clientes acabavam encontrando o que outros ambientes para adultos não conseguiam copiar: a presença e o carisma do seu proprietário e sua filosofia grega do hedonismo – o ser humano veio ao mundo para os prazeres da vida.

Sempre foi o próprio Maroni o responsável pela comunicação de seus empreendimentos. Durante toda a sua carreira, nunca contratou assessores de imprensa nem agências de publicidade.

## Em busca da terra

Oscar Maroni decidiu investir mais em seu lado agropecuário. Em maio de 1996 comprou a fazenda Santa Cecília, em Araçatuba, no interior paulista – município a 514 quilômetros de São Paulo. Era uma área bem maior do que a de Avaré: 700 alqueires, equivalente a 1.780 campos de futebol. Contava com 8,6 km de margem de rios, banhada pelo Rio Tietê represado e pelo Rio Baguaçu. Um espaço de terra apropriado para a criação de gado.

A fazenda originalmente pertenceu à tradicional família Almeida Prado. Depois, a área foi comprada pela família Torres Homem, que mais tarde a vendeu para o Vaticano, pois, segundo Vicente Torres Homem, a proposta recebida foi irrecusável. Ali, o Vaticano fazia o aprimoramento do gado marquejana, visando exportação para a Itália. Mais uma troca de dono. Agora a área é vendida para a empresa Liquifarm, do dono da construtora Racional Engenharia, Milton Simões, de quem Maroni se tornou amigo e com quem dividia o fascínio por religiões e filosofias indianas.

O agora proprietário Oscar Maroni desenvolveu um novo projeto de engorda de gado confinado e o aprimoramento da raça de cavalos Quarto de Milha. Os pastos contavam com uma moderna tecnologia de irrigação. A fazenda ainda tinha barracões para os maquinários, uma oficina montada, barracão de grãos e instalações para confinamento. Funcionários ficariam bem alojados, já que havia 50 casas para eles – além de igreja, área de recreação e uma casa sede com 1.700 m². No curral, capacidade para 4.000 bois. Tudo equipado com laboratório, brete – espaço em que se prende o gado para vacinar, marcar etc. –, balança, recinto para ordenha.

Sob a batuta de Maroni, a fazenda chegou a produzir entre 8 mil e 10 mil quilos de carne a cada 24 horas e se transformou em uma das 50 maiores confinadoras do Brasil.

Maroni já havia compreendido que podia seguir sendo o magnata da noite sem abandonar seu lado empreendedor do agronegócio.

Mas o sucesso começou também a atrair problemas.

Em seis anos, Maroni conviveu com cinco invasões de terra. Duas ocupando a porta de entrada da fazenda e as outras três indo porta adentro, com morte de gado e intimidação de seus funcionários, atrapalhando, logicamente, a produção.

Numa dessas invasões, o próprio Maroni foi conversar com o comandante do movimento, José Rainha, ex-líder do Movimento dos Trabalhadores Rurais Sem Terra (MST). Rainha disse a Maroni que a invasão estava sendo muito positiva para o MST porque gerava mais notícias na mídia que a invasão da fazenda do sócio dos filhos de Fernando Henrique Cardoso.

De qualquer forma, foi nas fazendas que Maroni acabou criando seus filhos. Depois que paravam de mamar, eram levados para ficar nesse ambiente até a chegada da fase escolar.

## Noites obscuras depois do sucesso

Um ano após a inauguração, o novo Bahamas já era um estrondoso sucesso. A casa noturna era assunto em todas as rodas da boemia paulistana – entre os clientes assíduos e os ocasionais, e também entre aqueles que nem tinham cacife para frequentar o espaço.

Com o estabelecimento constantemente cheio, o lucro de Oscar Maroni não parava de aumentar. E esse movimento, evidentemente, também chamava a atenção das autoridades. Após a saída de Michel Temer da Secretaria de Segurança Pública, a sindicância prévia havia voltado a acontecer. Com isso, policiais passaram a fazer frequentes visitas ao Bahamas – no fundo, em busca de propina.

Em uma dessas investidas, Maroni acabou preso em flagrante pelo artigo 228 do Código Penal: "Induzir ou atrair alguém à prostituição ou outra forma de exploração sexual, facilitá-la, impedir ou dificultar que alguém a abandone". No parágrafo 3º, o Código ainda afirma: "Se o crime é cometido com o fim de lucro, aplica-se também multa".

Ou seja, além de detido, Maroni também teve de pagar uma multa pela infração cometida. Essa foi a primeira prisão dele que durou mais de uma noite na cadeia. Mesmo assim, foi uma passagem rápida, de poucas consequências. Em sua versão, tudo não passou de uma tentativa de extorsão. Maroni sempre afirmou ter se recusado a aceitar pagar qualquer contrapartida para policiais ou outras autoridades corruptas.

Exatamente um ano depois dessa prisão, Maroni estava em seu escritório na Rua dos Chanés. Eram 9 horas da manhã e o local foi invadido por policiais que alegavam que ele não compartilhava da mesada paga por outros estabelecimentos como o Bahamas. Em tom de ameaça, um dos policiais questionou se o empresário queria novamente passar alguns dias na cadeia ou se preferia "contribuir para a segurança do país, dividindo assim o custo desses policiais com seus colegas noturnos". Ele citou o artigo 229 do Código Penal, que prevê pena para quem mantém estabelecimento onde ocorra a prática de prostituição.

Nervoso, Maroni disse:

"Faça seu serviço. Abra um inquérito policial e desenvolva seu trabalho. Aqui vocês não vão criar dificuldades para vender facilidades. Tenho plena consciência de que minha atividade é lícita".

Saiu do Bahamas algemado.

## Os cinco mandamentos

Tempo. Foi sobre ele que Oscar Maroni refletiu em sua primeira grande prisão. Quando ficou preso, descobriu que se do lado de fora o tempo falta, do lado de dentro ele sobra. Irritantemente sobra.

Após ser detido, Maroni foi encaminhado ao 27º Distrito Policial, localizado na Rua Demóstenes, no bairro do Campo Belo, zona sul de São Paulo. Ali passou 51 dias no calendário – e uma eternidade em sua cabeça. Muito mais pelo que vivenciou dentro da cadeia do que propriamente pela exposição sofrida a partir desse momento em sua trajetória.

Oscar Maroni preso pela primeira vez.

Havia também um óbvio contraponto entre a vida de luxo, que ele levava até então, com o dia a dia dentro da cela. Um pesadelo. Um choque cruel de realidade para um homem que havia se acostumado ao bom e ao melhor da vida – inclusive com a possibilidade de contar com mulheres lindas a um simples estalar de dedos.

O primeiro impacto sofrido foi em decorrência da própria decadência do sistema prisional brasileiro. Maroni chegou a uma cadeia onde não havia nenhuma cela para ele. Afinal, com curso superior, a lei estava ao seu lado: ele não poderia ser misturado aos presos comuns.

Do lado de fora, seu advogado, o criminalista Márcio Thomaz Bastos, estava atento a esse cenário – mais tarde, entre 2003 e 2007, Bastos seria ministro da Justiça na presidência de Luiz Inácio Lula da Silva; Bastos morreu em 2014. Ele conseguiu a garantia de que seu cliente seria mantido à parte, receberia visitas íntimas e teria alimentação especial.

Como o DP não contava com instalações adequadas, Maroni foi posto no consultório dentário da instituição, local que passou a dividir com outro preso também com curso superior. João estava detido por falta de pagamento de pensão alimentícia. Viraram colegas de lamúrias e de lembranças: viviam aquela experiência pela primeira vez, então compartilhavam histórias.

Maroni foi preso no meio de 1998, quando o Brasil perdia a Copa do Mundo para a França, naquele fatídico jogo em que o craque Ronaldo acabou não indo a campo após ter sofrido um nunca bem explicado episódio de convulsões. Na tela da Globo, a sensual minissérie *Hilda Furacão*, estrelada por Ana Paula Arósio, dava o que falar nos quatro cantos do país.

O consultório transformado em cela contava com duas camas, a cadeira do dentista, uma televisão pequena e um toca-CDs. Para superar os primeiros e mais difíceis dias, Maroni impôs um desafio para si mesmo: se não se deprimisse durante o dia, seria premiado com um episódio de *Hilda Furacão*. Essa era uma de suas armas para escapar das armadilhas do tédio e da tristeza que tentavam constantemente abatê-lo.

Apesar de ter dinheiro e poder, dentro da cadeia Maroni teve de seguir algumas regras comuns aos outros presos. As visitas íntimas, por exemplo, aconteciam semanalmente – e tinham de ser sempre com a mesma mulher.

Assim, uma vez por semana, o empresário convocava Ângela, uma moça com quem tinha intimidade e com a qual já havia realizado diversas fantasias, para seu encontro dentro da cela. Ela costumava ir, propositadamente, vestida em trajes de couro. Maroni sabia que na roupa das pessoas a justiça não podia interferir. Mas aquela atitude deixava os policiais perplexos toda vez que ela chegava ao DP. Essas pequenas vitórias davam muita satisfação a Maroni e contribuíam para que ele mantivesse sua sanidade.

Quando transavam, ele pedia à moça que gemesse cada vez mais alto. Queria atiçar as fantasias sexuais dos outros presos. Gostava de ver a movimentação de espelhinhos pelos vãos das grades, todos tentando vê-los em ação. Ouvia o barulho deles se masturbando.

Geralmente, Ângela era levada até o DP por um motorista e acompanhada por Morsa, segurança pessoal de Maroni. Eles também levavam ao patrão camarões e lagostas comprados no restaurante Fasano, um dos mais tradicionais e caros da capital paulista. Certo dia, um delegado informou a Maroni que ele não poderia mais receber comida do motorista. Deveria se adequar à alimentação do presídio.

A notícia correu de cela em cela. Na noite seguinte, um dos presos, antes do horário do jantar, começou a gritar:

"Doutor Maroni, aqui não tem comida de rico. Hoje o doutor é obrigado a comer a nossa comida ou passar fome!"

Maroni compreendeu o sentimento do outro encarcerado. Ao mesmo tempo, viu ali uma oportunidade de ganhar a simpatia de todos os detentos. Mandou então chamar o delegado de plantão – naquela noite era Diógenes, que foi rapidamente a seu encontro.

O empresário solicitou que fosse feito um pedido de jantar para todos os presos, inclusive para ele. Seduzido pelas iguarias propostas por Maroni, o delegado assentiu. Maroni, então, passou o número de telefone de seu filho, Aruã, que seria o encarregado de fazer a compra e levar a comida para toda a carceragem. O fino jantar foi servido em pratos de porcelana e talheres de prata – para todos os detentos, inclusive para aquele que tinha tirado sarro de Maroni.

Banquetes como esse voltaram a se repetir nos dias seguintes. Maroni se tornava um herói entre os presos.

Para uma pessoa como Maroni, limitar sua atividade sexual a apenas uma transa por semana – e, de quebra, em horário marcado e praticamente sem liberdade alguma – era, mais que uma dureza, uma impossibilidade física. Para conseguir controlar seus ímpetos, o empresário precisou relembrar sua adolescência, quando se escondia embaixo da cama para se masturbar e ler Henry Miller.

Por meio de um celular que clandestinamente circulava entre os presos, ele costumava ligar para antigas parceiras e, com elas, fazia sexo por telefone. Era um tempo em que a imaginação precisava vencer a realidade.

Uma de suas distrações noturnas consistia em torcer para que a delegada responsável pela ronda fosse uma loira, muito bonita, e com bunda tão grande que mal coubesse na farda. Em seus devaneios, essa mulher poderosa ficava segurando a arma no coldre, como se alguma rebelião pudesse acontecer a qualquer momento, enquanto ela checava os prisioneiros. Fetichista convicto, tal enredo era estimulante para Maroni. Chegava a sonhar com uma delegada loira abrindo sua cela, com uma mão na arma, enquanto outra policial tirava lentamente seu uniforme. Depois, subia em cima dele, dava dois tapas, um em cada lado de seu rosto, e o chamava de vagabundo. Aí, transavam. Foi ali no DP que começou a nutrir um tesão incontrolável por mulheres fortes, poderosas, de preferência usando farda.

Apesar dos óbvios problemas daquela rotina – afinal, estava sem liberdade – e da total falta de conexão com aquele lugar – nunca tinha matado nem roubado ninguém –, Maroni até que conseguiu se adaptar. Era um preso conhecido e sociável, e aos poucos acabou ganhando popularidade entre os detentos. O que, é claro, começou a despertar inveja em outros.

Sergio, encarcerado havia 10 anos por assalto à mão armada, era um desses antagonistas. Era ele que o havia provocado por causa da comida. Seu único crime havia sido aquele fatídico assalto, mas uma década dentro de uma cela tinham-no transformado em um ser humano inconsequente. Raramente ele recebia visita de algum familiar; parecia ser alguém que não tinha nada a perder.

Maroni buscava alguma interação. Queria dar uma animada no colega. Sem sucesso. Só ganhava mesmo a antipatia dele:

"Seu cafetão de merda! Você vai passar mais tempo do que eu aqui!" era algo que costumava ouvir dele na hora do banho de sol.

As provocações foram aumentando progressivamente, dia após dia. Sergio não era querido pelos demais presos – que começaram a ver naquele cenário a desculpa perfeita para que Maroni, com seu físico atlético, desse uma sova no insolente. Diziam que estariam a postos para ajudar o empresário.

No início, Maroni achou que aquilo seria uma bobagem e que era melhor não arrumar confusão. Entretanto, diante da insistência dos colegas, acabou achando que tudo o que não podia era decepcionar o grupo todo – e perder assim o seu apoio interno.

Em um domingo, durante o banho de sol, ele se aproximou de Sergio. Imobilizou-o e, com uma rasteira, o jogou no chão. Ameaçou-o incisivamente. Se ele novamente o provocasse, sofreria amargas consequências.

Sergio se sentiu humilhado. Mas, diante do apoio que percebeu que Maroni havia conquistado dos demais presos, achou melhor ficar quieto. Ele nunca mais ousou nem sequer dirigir o olhar para o empresário, fosse no refeitório, fosse nos banhos de sol.

A essa altura, já se somavam trinta dias que Maroni estava atrás das grades. Não antevia nenhuma perspectiva de sair logo dali. A boa relação com a maioria dos presos era algo que ele prezava – lei da sobrevivência: para ter um mínimo de conforto lá dentro, era importante estar alinhado com boa parte do grupo. O jogo precisava ser jogado.

A empatia conquistada dos demais presos era tanta que, certo dia, Maroni ouvia o clássico "My Way", de Paul Anka, na voz de Frank Sinatra. Dançava e cantava enquanto varria o seu consultório-cela. Incomodado com sua alegria, um policial de plantão se irritou e foi até lá aos berros:

"Essa porra de barulho está me atrapalhando!"

De uma cela próxima, os dois puderam ouvir uma voz firme:

"Alto lá, seu guarda! Se mexer com o doutor Maroni, sua família vai sofrer as consequências lá fora".

O agente nunca mais incomodou o empresário. "My Way" passou a ser sua trilha sonora preferida nessa estadia atrás das grades.

Na maior parte do tempo, sua cabeça era ocupada por duas coisas: tédio e sentimento de revolta. Maroni sentia que estava perdendo uma guerra contra o tempo. Para que ele passasse mais rápido, lia muito, principalmente revistas e jornais – queria estar por dentro de tudo que estava acontecendo do lado de fora. Também fazia questão de manter sua rotina de exercícios físicos, ainda que precisasse praticá-los no improviso – era isso que o ajudava a espantar os maus pensamentos.

Ele criou uma curiosa prática. Levava um livro ou uma revista para o banho de sol e impunha-se uma meta: a cada página lida, tinha de correr uma volta pelo pátio. Assim, chegava fácil a 100 voltas por dia. Às vezes, alcançava a marca de 200. Dentro da cela ele também tinha um hábito parecido, mesclando leitura e atividade física: corria em diagonal, de um lado para o outro, batendo a mão na grade e gritando – o que chamava a atenção de todos. "Um dia essa grade vai abrir", vociferava.

Foi nesse período que ele acrescentou mais um verbete a suas filosofias pessoais: concluiu que, para ele, o tempo era mais importante do que a saúde. Afinal, pensava, doenças podem ser curadas, mas o tempo passa e não volta mais.

Quando completou a quinta semana na prisão, aquele cenário de solidão e reflexões profundas fez com que ele decidisse que, ao sair, mudaria radicalmente sua vida. Passaria a usar o tempo ocioso para iniciar um projeto ousado. Reprogramaria toda a sua vida fora das grades. Iria viver mais intensamente (ainda). Era uma promessa para si mesmo.

Criou então uma lista de atitudes-chaves que ele deveria tomar, projetos que tinham de ser iniciados tão logo recuperasse sua liberdade. Ele acabou realizando-as uma a uma:

1. Construir um hotel ao lado do Bahamas e batizá-lo de Oscar's Hotel, em homenagem ao pai.
2. Comprar uma moto Harley Davidson modelo Fat Boy.
3. Alternar três meses de trabalho e um de viagens.
4. Comprar um Jaguar.
5. Separar-se de Marisa e ficar com mulheres de no máximo 27 anos.

Ele sabia que, do lado de fora, seu advogado estava trabalhando para costurar a melhor maneira de sua saída acontecer. Preferia correr dentro da cela, de um lado para o outro, para esquecer o que estava se passando.

No dia 22 de julho de 1998, Thomaz Bastos finalmente conseguiu um *habeas corpus*. Um de seus assistentes chegou ao consultório dentário do 27º DP com um alvará de soltura com validade a partir do fim daquele dia. Ainda eram 9 horas da manhã.

Houve, portanto, um dia todo para que o advogado pudesse mandar trazer Maria de Lurdes, mãe de Maroni, de Santos, onde ela vivia. Toda a sua família foi reunida. Amigos e funcionários também marcaram presença em frente ao DP.

Quando chegou a hora de ir embora e o carcereiro abriu a cela, Maroni discretamente afanou o cadeado e a chave. Colocou no bolso. Aquele seria um *souvenir* para seu acervo pessoal. Um símbolo daqueles dias difíceis que ele passou dentro de uma cela improvisada. Uma lembrança da corrupção policial que, segundo ele, teria sido a causa da prisão.

Finalmente em liberdade, ele abraçou todos os que ali o esperavam. Estava emocionado. Foi direto ao Bahamas. Era um fim de tarde bonito. Garoava, e a chuva no rosto, para Maroni, era uma simbólica metáfora de liberdade. Quando chegou ao Bahamas, viu a casa funcionando e sua primeira reação foi se ajoelhar ao lado de um poste. Chorou. Chorou pelo tempo. Tempo, essa essência que agora tinha outro significado para ele.

## Força

"Todo cidadão deveria ficar preso por uma semana para sentir o que é." Essa frase foi repetida por Oscar Maroni aos quatro cantos após recuperar a sua sonhada liberdade. Ele voltava à rotina após os 51 dias na cadeia, colocando em prática o seu projeto de valorizar o tempo, celebrando constantemente as boas coisas da vida. Nunca mais seria o mesmo homem; a partir de então viveria ressabiado e esperto, atento a quaisquer problemas futuros. A experiência dentro da cela havia sido tão forte que ele prometeu para si mesmo que faria qualquer negócio, menos se corromper, para evitar ficar trancafiado novamente.

Começou então a cumprir suas cinco resoluções. Primeiro, adquiriu uma Harley Davidson, modelo Fat Boy. No mesmo dia, assistiu na televisão a uma reprise do filme *O Exterminador do Futuro 2*, em que o personagem de Arnold Schwarzenegger ostentava uma motocicleta do mesmo modelo – uma versão adaptada para a película. Fascinado com o que via, mandou que a sua fosse remodelada para ficar idêntica à de Schwarzenegger. Algum tempo depois a moto foi roubada – e nunca mais seria encontrada.

Aos poucos ele ia completando sua lista de resoluções. Comprou um Jaguar S-Type, modelo de carro que é seu xodó até hoje. Viajar um mês a cada três de trabalho foi algo que ele não conseguiu levar a sério por muito tempo – ainda em 1998 chegou a colocar isso em prática, indo primeiro para Buenos Aires, em seguida para Nova York. Depois, sua rotina intensa e seu perfil *workaholic* o fizeram abandonar essa resolução.

Faltava ainda cumprir duas metas: a construção do Oscar's Hotel e a separação de Marisa. Largar a mulher seria uma dificuldade imensa, mas algo necessário. O relacionamento deles estava desgastado havia anos. Pouco tempo depois de sair da prisão, Maroni estava em sua cobertura na Rua Oscar Freire, região nobre de São Paulo. Marisa já tinha dormido e ele começou a chacoalhar o ombro numa tentativa irritante de acordá-la.

Ainda sonolenta, olhos entreabertos, Marisa escutou uma frase direta:

– Eu quero me separar de você – disse Maroni.

– Ai, Oscar, me deixa dormir – a mulher respondeu.

Aquela conversa no meio da madrugada não fazia muito sentido. Maroni esperou então o dia amanhecer para novamente abordar a mulher, ressaltando que sua decisão era verdadeira. Foram sete horas de conversa, até que chegaram a um consenso.

Maroni concluiu que jamais se separaria da mãe de seus filhos no papel, mas cada um poderia tocar sua vida de forma independente, mantendo o almoço em família aos domingos como algo sagrado. De certa forma, essa conclusão foi tomada levando em conta tudo o que haviam passado juntos. Mas também era algo emblemático do caráter e da criação de

Maroni: um sujeito que se entrega aos prazeres da noite, mas valoriza a família como o cerne de sua vida.

De sua lista elaborada na cadeia, faltava apenas um item, justamente o mais complexo de todos: a construção de seu hotel. O sonho megalomaníaco de Maroni era ter um dos hotéis mais luxuosos do mundo.

## O prenúncio do castigo

Desde muito novo, bem antes de ser um homem rico, Oscar Maroni acreditava que para prosperar na vida era preciso ter posses. Por posses, vale ressaltar, ele queria dizer bens imóveis: terrenos, lojas, casas de aluguel. Foi isso que o moveu a comprar as fazendas. Foi isso que o estimulou, desde o início dos anos 1990, a adquirir todas as propriedades possíveis nos arredores do Bahamas Hotel Club.

Assim, no início do ano 2000, ele já tinha espaço suficiente para começar as obras do seu sonhado Oscar's Hotel. Era o primeiro passo.

Mas havia um entrave. Um entrave gigantesco. Aquela região, na zona sul de São Paulo, é muito próxima do Aeroporto de Congonhas, aeródromo inaugurado em 1936. Na época, o aeroporto era o mais movimentado do país – posto que perderia em 2007, quando vários voos foram transferidos para o Aeroporto Internacional de Guarulhos, muito em virtude da comoção ocorrida após o acidente aéreo do voo 3054 da TAM, que deixou 199 mortos.

Maroni precisava de uma autorização especial para erguer ali um prédio. O deferimento deveria ser obtido junto ao 4º Comando Aéreo Regional (Comar). Ele obteve esse documento em 12 de maio de 2000 – com uma série de restrições. Precisava comprovar, por meio do projeto, que o prédio não iria ultrapassar a altura de 47,5 metros. E o edifício teria de contar com dois diferenciais: tratamento acústico e sinalização com luzes de baixa intensidade no topo.

Em 13 de julho do mesmo ano, nova aprovação: dessa vez da prefeitura de São Paulo, na época sob a gestão de Marta Suplicy, então filiada ao

Partido dos Trabalhadores (PT). Em 23 de novembro do mesmo ano, o último documento necessário para o início das obras estava pronto: a regularização da planta do Bahamas como hotel e balneário.

Maroni contratou uma empresa de engenharia para iniciar os trabalhos. Primeiro, com um estudo da região. Com a proximidade do aeroporto e a visibilidade imposta pelo Bahamas, o empresário acreditava que não havia como dar errado: o hotel tinha, em sua opinião, um potencial enorme de sucesso – além disso, geraria centenas de empregos diretos e indiretos.

Quando definiu toda a equipe de engenheiros e arquitetos, Maroni chamou cada um dos chefes, de cada uma das áreas da obra, para uma reunião. O local parecia um tanto inusitado para tratar de negócios: sua luxuosa Mercedes-Benz S 500. Ao som de um CD de Sebastian Bach, ele foi franco e duro com sua nova equipe de comandados:

"Eu quero que meu hotel seja como esta Mercedes, estão vendo? Que tenha luxo, tecnologia, conforto e, acima de tudo, funcionalidade".

Assim começou a fundação do terreno, para o início das obras. Se no início eram apenas o engenheiro chefe, um engenheiro assistente, um mestre de obras e um auxiliar administrativo, em pouco tempo o número de operários chegaria a 400.

Enquanto as obras estavam a todo o vapor, Maroni decidiu excursionar pelo país com o objetivo de conhecer os melhores hotéis disponíveis, exemplos e referências para que ele criasse o seu próprio conceito de hospedagem de luxo. Sua primeira parada foi no Marina Palace, no bairro do Leblon, no Rio de Janeiro.

Hospedou-se em um dos quartos com vista para a orla. Já instalado, começou a fuçar em todos os cantos do quarto. Na janela, parou. Tentou empurrá-la para a frente, para trás, e nada de conseguir abri-la. Incomodado com aquela restrição, o exigente hóspede decidiu se reunir com parte da equipe do hotel. Perguntou sobre o assunto e foi informado de que aquela medida visava impedir que as pessoas jogassem objetos para baixo. Um dos funcionários, entretanto, complementou baixinho: a intenção era evitar suicídio.

Passou a investigar a fundo essa questão. Percebeu que essa preocupação era praxe nos hotéis. Ficou aterrorizado. Fatos como esse quase nunca vão à mídia porque há receio de que acabem desencadeando uma série de suicídios. Em sua pesquisa de campo, concluiu que a maior parte dessas ocorrências se dá aos sábados e domingos. Executivos sozinhos, longe de casa, são o principal grupo de risco.

Maroni se apavorou com o que vislumbrava. Imaginava que esse seria justamente o principal perfil de hóspedes que seu hotel receberia, justamente por causa do vizinho Bahamas.

Decidiu verificar a questão também no exterior. Em uma viagem a Nova York, hospedou-se no Hilton, próximo à Quinta Avenida. Ali, apesar de sozinho, acabou ficando em um quarto muito espaçoso. Então teve um lampejo: contra suicídios, a solução seriam quartos pequenos, com tamanho de três estrelas e muito luxuosos, com padrão de cinco estrelas. O psicólogo Maroni concluiu que essa seria a receita para lutar contra o total isolamento provocado por espaços muito grandes, capazes de aumentar a sensação de tristeza.

Maroni foi projetando em sua cabeça o que queria. A dificuldade de colocar isso no papel, entretanto, era parte do trabalho do engenheiro chefe – que, muitas vezes, precisava cortar as asas do patrão. Se o empresário se afastava da realidade, movido por devaneios e sentimentos desencontrados, era o engenheiro quem precisava tirá-lo do caos.

Foram traçados então três pilares que deveriam ser aplicados a todos os itens do hotel, do frigobar nos quartos às vigas da construção. Tudo tinha de ter som, luz e interação. O barulho dentro dos quartos seria quase zero, mesmo com o local estando próximo do trânsito da movimentadíssima Avenida dos Bandeirantes e sendo sobrevoado por aviões o tempo todo. A iluminação interna seria mínima, apenas uma luz leve evocando ao lugar. Na área social do hotel, não existiria um só lugar em que o hóspede ficasse completamente isolado, já que o recinto seria quase completamente cercado por vidro.

Era um projeto de engenharia, mas nele se percebia também o Maroni psicólogo. Ele racionalizou as emoções de um possível suicida e construiu um hotel com o objetivo de salvar essa vida – ou, pelo menos, evitar que algo trágico acontecesse ali.

A construção do Oscar's Hotel acabou revelando mais uma faceta excêntrica de Maroni. Não à toa, sobram histórias e lendas sobre seu comportamento durante as obras. Uma delas é a da escada feita no átrio. Sua primeira versão era exatamente como estava no projeto. Quando viu o resultado, entretanto, o empresário odiou e mandou demoli-la.

O arquiteto veio com uma nova versão, pré-aprovada por Maroni. Ao vê-la pronta, ele não gostou e mandou-a abaixo mais uma vez. Com aquele monte de entulho no local, chamou a equipe toda, apontou para as ruínas e reclamou:

"Olha só o que vocês fazem com o meu dinheiro!"

Houve outra discussão em que o problema eram as paredes de *dry wall*. Maroni estava exaltado no confronto com os engenheiros. Acabou dando um soco na parede, deixando um buraco na forma de sua mão. Parecia cena de comédia pastelão. Todos caíram na gargalhada, e Maroni, sem perder a compostura, comentou:

"Eu sempre quis fazer isso".

Esse perfil explosivo, autoritário e muitas vezes agressivo foi fundamental para que tudo saísse a seu gosto. Presente diariamente na obra, Maroni parecia um técnico de futebol ranzinza, daqueles que sabem exatamente o que querem e estão sempre cobrando a máxima eficiência de seus comandados.

A obra foi dividida em duas partes. A primeira delas englobava o setor habitacional, as áreas de lazer, piscinas, a sala de convenções e a recepção. Aí todas as normas foram cumpridas e legislações atendidas – por isso nunca houve problema com fiscalização nem da prefeitura, nem do Comar.

Para se ter uma ideia da qualidade do trabalho de isolamento acústico, no exato momento em que uma aeronave sobrevoa o Oscar's, o nível sonoro a céu aberto, na cobertura, chega a 120 decibéis. No último pavimento, na frente do caixilho de um quarto, o índice é de 90. Dentro da mesma suíte, 38 decibéis – menor que o valor máximo permitido, de 45 decibéis. De acordo com as contas de Maroni, o isolamento acústico deixou a obra 30% mais cara.

A segunda parte da obra, entretanto, é a mais polêmica. Trata-se de um anexo, iniciado após a aprovação da edificação principal. Nele está toda a parte de infraestrutura de serviços, como cozinhas, câmaras frigoríficas, vestiários, recepção, estoque, sanitários e administração. Maroni justificou essa divisão porque não queria invadir o espaço reservado aos hóspedes. O engenheiro responsável, entretanto, teria avisado que eles poderiam ter problemas com aquela seção não aprovada da obra.

"Sua função é empilhar tijolo. Então você empilha tijolo e eu trato da aprovação", Maroni respondeu em tom explosivo ao seu contratado.

Então o engenheiro se deu por vencido.

Foram cinco anos de obras para que o Oscar's Hotel ficasse pronto. Uma semana antes do fim da construção, repetindo um ritual já ocorrido no Bahamas, Maroni prometeu um show de *strip-tease* aos peões se eles conseguissem terminar tudo em cinco dias. Animados, eles acabaram em quatro dias.

Maroni cumpriu a promessa. Fechou o Bahamas apenas para aqueles homens. Houve show, churrasco e cerveja para todos. A festa celebrava a realização de um sonho do empresário, algo que não cabia nos 11 andares, 223 apartamentos, 160 vagas de garagem, três restaurantes, espaço para eventos com capacidade para 900 pessoas, bar, academia de ginástica, piscina... Algo que não cabia em tanto luxo. Não cabia nem na famosa Faixa de Gaza, como foi batizado um caminho subterrâneo que ligava o hotel ao Bahamas.

O empresário investiu ali R$ 110 milhões. O Oscar's Hotel jamais chegou a ser inaugurado.

# PARTE VII
## Ele pensa, ele publica

Lawrence Claxton Flynt Jr., mais conhecido simplesmente como Larry Flynt, é dos poucos sujeitos do mundo por quem Oscar Maroni nutre imensa admiração. Trata-se do criador e editor da revista masculina *Hustler*, um mestre norte-americano da sacanagem. Sua empresa, a Larry Flynt Publications (LFP), produz revistas, filmes e sites.

Assim como Maroni, Flynt também atua diretamente, de forma ativa e presente, em seus negócios. Outro ponto comum a ambos é a postura completamente avessa e combativa ao conservadorismo e à falta de liberdade.

Em 1997, depois de assistir ao filme *O povo contra Larry Flynt* – produção de 1996 dirigida por Milos Forman –, Maroni estava pensando nas semelhanças entre ele e o americano, quando a recepcionista de seu escritório anunciou a chegada de Rodrigo Sanches, um amigo do ramo da publicidade. O motivo da visita era justamente tentar vender um espaço na edição brasileira da revista que estava para ser lançada. Sanches queria que Maroni anunciasse o seu Bahamas.

– Quanto custa? – perguntou o empresário.

– Depende do tamanho do anúncio... Se é na capa, se é página inteira... – começou a explicar Sanches.

– Você não está entendendo – retrucou Maroni. – Eu quero comprar a revista!

– Não se preocupe, eu deixo um exemplar para você.

– Eu quero ser o proprietário da revista! – disse Maroni, já começando a perder a paciência.

Foram alguns meses de negociação com o detentor dos direitos da publicação no Brasil. Até que o dono do Bahamas se tornou um dos sócios da versão brasileira. Agora Maroni finalmente tinha uma mídia para si, um veículo que seria usado por ele para falar tudo o que pensava, sem censura ou necessidade de intermediação.

A primeira edição saiu em agosto de 1998, com uma reportagem justamente sobre a personalidade provocativa de Larry Flynt. O texto mostrava que Flynt, no começo, queria apenas ganhar dinheiro com algo que lhe desse prazer. Mas, com o tempo, foi se tornando um verdadeiro "super-herói sem capa na luta em defesa pela liberdade de expressão", nas palavras da revista.

Maroni chamou para si a responsabilidade de escrever os editoriais. Ele estava realizado com o fato de ter uma publicação de renome internacional. Usava o espaço para bombardear os leitores com seus pensamentos. Começava a surgir, para o grande público, o Maroni muito além da sacanagem – um sujeito politizado e que não economizava o verbo quando o assunto era criticar a política brasileira e mundial.

Na terceira edição publicada no país, de outubro daquele mesmo ano, a *Hustler* tinha uma reportagem escandalosa que buscava responder quais eram as taras mais bizarras da humanidade. Coube ao jornalista Sergio Martorelli a missão de enumerar e descrever as fantasias mais estranhas encontradas. Entre elas estava o ecouterismo – palavra derivada de *écouter* ("escutar", em francês) –, que é o fetiche de ouvir, através de portas e paredes, um casal transar. Lacrifilia, por sua vez, é a tara de quem sente prazer ao ver o parceiro chorar. Nasofilia é a excitação em ver, tocar, lamber ou chupar o nariz do parceiro. Entretanto, a mais inusitada entre as apresentadas pela revista, sem dúvida, é a urticação: consiste em enfiar materiais urticantes, que provocam a sensação de ardência, dentro das roupas íntimas.

Assim como na versão americana, a *Hustler* nacional também contava com uma seção, aqui batizada de "O Bundão do Mês", para "homenagear" membros da sociedade, coisas e situações que atrapalhavam o dia a dia, no entender editorial da revista. Eram histórias de gente que todos amassem odiar. Entre os principais personagens publicados ali, escolhidos por Maroni, estavam o Papai Noel, o "brasileiro padrão", os marqueteiros e até o ex-presidente Itamar Franco.

As edições brasileiras da *Hustler*.

Embora a sacanagem fosse a força motriz da publicação, outros temas a tangenciavam. E foram justamente uma contenda política e um trágico assassinato que acabaram provocando a saída de Maroni da publicação.

Em junho de 1999, o médico e político Jooji Hato, então vereador paulistano pelo Partido do Movimento Democrático Brasileiro (PMDB), conseguiu a aprovação de um projeto que ficaria conhecido como Lei do Silêncio. Pela regulamentação, bares e lanchonetes da capital paulista precisavam fechar suas portas no máximo à 1 hora da manhã em ponto.

Maroni ficou preocupado. Seu estabelecimento ia até as 5 horas da madrugada. Indignado, o empresário decidiu aproveitar sua revista para destacar Hato como "O Bundão do Mês". Escreveu um perfil desabonador sobre o político. O texto frisava que Hato era "fã de carteirinha" da cachaça ali chamada de Fifty One – na verdade, a mais popular das pingas brasileiras, a 51.

"E quando a bebe é para ter suas melhores ideias. Abriu uma garrafa de Fifty One – era sempre com Fifty que ele tinha boas ideias. Abriu outra. E outra. E mais outra. Depois de muito beber, Hato decide que vai abandonar o álcool, mas, decidido a não sofrer sozinho, resolve legislar em causa própria, afetando assim toda a sociedade paulista. Ao final, decide, após um longo trago, que a bebida a partir dali só poderia ser consumida em casa, com toda a segurança. De resto tudo estaria proibido, inclusive o vinho da missa aos domingos", dizia um trecho da reportagem, que estava prevista para sair na edição de agosto de 1999.

Maroni procurava derrubar os argumentos do vereador. O empresário acreditava que, mesmo com a Lei do Silêncio em vigor, nada mudaria em relação à violência, principal ponto citado por Hato para vender sua ideia à população. Por outro lado, os donos de estabelecimentos – e, sucessivamente, o comércio como um todo – seriam os maiores prejudicados. Na visão de Maroni, uma lei dessas em uma cidade como São Paulo, que se gaba de não parar nunca, chegava a ser agressiva.

Ao mesmo tempo que se preocupava em destruir a imagem do vereador, Maroni escolhia a garota ideal para ser capa daquela edição. Entre as opções, elegeu a modelo Sheila Rodrigues Campos Soares, de 23 anos. Acertaram o cachê e fizeram as fotos.

Três dias depois do ensaio, Maroni recebeu um telefonema inesperado de um delegado, que já era seu conhecido:

– Oscar, você conhece Sheila Campos?

– Sim, há pouco tempo… – respondeu, um tanto hesitante.

– Ela fez algum trabalho com você?

– Sim. É a nossa capa de agosto – afirmou.

O delegado então disse que talvez fosse melhor não publicar a edição. Maroni ficou sem entender e perguntou o motivo.

– Ela foi assassinada pelo namorado. Tudo indica que foi por ciúme, por ter posado para a sua revista.

Alguns dias depois, já recuperado do choque, Maroni ligou para o delegado e pediu autorização para visitar o coreano Byong Soo Kwon, o namorado, que, àquela altura, já era réu confesso da morte da modelo. O delegado relutou. Maroni insistiu. Após duas horas de argumentação, conseguiu autorização para conversar com o coreano – mas somente por 15 minutos.

Maroni pretendia, como se diz, usar os limões para fazer uma limonada. Em vez de não publicar aquela edição, faria dela a mais polêmica e bombástica, com o ensaio de uma modelo que havia sido assassinada pelo namorado – e, de quebra, uma reportagem exclusiva sobre o ocorrido.

A reportagem chegou a ser escrita e a edição concluída – Maroni tem uma guardada até hoje. Entretanto, ambas as situações – a briga com Hato e, principalmente, a história do assassinato – aceleraram um atrito que já havia entre o empresário e seu sócio na versão nacional da revista, o produtor e empresário Murray Lipnik.

Revoltado com a ideia de manter na capa da publicação o ensaio de 14 páginas com a modelo assassinada – e morta justamente por causa do trabalho –, Lipnik conseguiu na justiça uma liminar impedindo a distribuição dos 50 mil exemplares daquela tiragem.

Resultado: a edição de agosto nunca foi às bancas. E era o fim de Maroni como editor da *Hustler* no Brasil.

## O editor festivo e fanfarrão

A prova de que Oscar Maroni gostou do cargo de editor veio com seu próximo passo: terminada a parceria com a *Hustler*, o empresário logo buscou investir em mais uma publicação do gênero. Mirou seus esforços na *Penthouse*, revista americana que é mais ousada do que a *Playboy*, mas mais comportada do que a *Hustler*. Em resumo, se a *Hustler* fala boceta, a *Penthouse* diz vagina.

Trata-se de uma publicação de estilo mais clássico cujos ensaios costumam combinar o nu com elementos urbanos. Foi criada por Robert Charles Joseph Edward Sabatini Guccione, mais conhecido como Bob Guccione. Ele era um fotógrafo sem sucesso e resolveu, no fim dos anos 1960, fundar sua própria revista para publicar as fotos que fazia e, de quebra, competir com a *Playboy*. Foi a primeira revista a mostrar os pelos pubianos das modelos.

Decidido a publicar a *Penthouse* no Brasil, Maroni foi para os Estados Unidos no fim de 1999. Sua expectativa era se encontrar com Bob Guccione e convencê-lo de sua ideia. Se tudo desse certo, voltaria como o proprietário da marca no Brasil. Acabou sendo recebido por Nicholas Guccione, filho de Bob – pois este já estava enfrentando o câncer de laringe que o mataria em 2010.

Maroni ficou fascinado já no hall de entrada da sede da revista, onde computadores grudados na parede exibiam filminhos com modelos da casa. O papo com Guccione filho transcorreu como ele esperava. Saiu de lá com um acordo verbal selado e a promessa de uma conversa final em breve.

O que o empresário não sabia, entretanto, é que havia outros interessados em reviver a emblemática revista no Brasil – onde, anos atrás, já havia sido publicada pela Editora Três.

Entre os afazeres diuturnos à frente do Bahamas, a ideia de lançar a revista, entretanto, ia ficando em segundo plano. Pouco mais de um ano após sua visita à redação americana, Maroni conheceu Rogério Valim. Ele era sócio da Disk Brasil, uma produtora de vídeos que tinha uma parceria com a antiga Rede CNT. Pelo acordo, a empresa de Valim era responsável pela produção de um programa que ia ao ar diariamente, nas madrugadas da emissora.

Era o Puro Êxtase, atração quente apresentada primeiramente pela ex-atriz pornô Regininha Poltergeist. Na época ela era garota-propaganda da bebida Cynar e já havia posado 11 vezes para revistas masculinas. Tinha 28 anos e, apesar de estar fora do circuito *mainstream*, alimentava o imaginário de homens de todas as faixas etárias.

Valim não estava ali para trocar figurinhas. Queria convencer Maroni a anunciar em seu programa – via no Bahamas Hotel Club um cliente em potencial. Fato raro na trajetória de Maroni: a empatia de ambos foi imediata. Na conversa, entretanto, o empresário se apresentou como o dono da *Penthouse* no Brasil. Seu jeito falastrão não convenceu o interlocutor. Maroni então abriu a gaveta e pegou um kit que havia recebido do próprio Guccione filho – ali havia inclusive todas as instruções para a compra do licenciamento, que se efetivaria após o pagamento.

"Mas você já pagou?", perguntou Valim.

Depois da *Hustler*, Maroni lançou a também famosa revista *Penthouse* no Brasil.

Maroni teve de confirmar que não, ainda não. No mesmo instante, chamou um funcionário e ordenou que fizesse o depósito imediato. A revista começaria a ser pensada.

O empresário convidou Valim para ajudar a montar a equipe da *Penthouse* Brasil. Montaram um time com redatores e editores experientes, todos com passagens por publicações como *Playboy* e *Sexy*. Maroni contratou George Rojas, um dos responsáveis pela gestão das revistas em outros países. O plano era ambicioso: dentro de um mês queriam levar para Nova York um bem elaborado projeto para a publicação brasileira.

A dupla Maroni e Valim encabeçou também o processo criativo. Eles precisavam criar um boneco – no jargão jornalístico, trata-se de uma edição com conteúdo de teste, muitas vezes *fake*, apenas para mostrar o modelo buscado pela publicação – para apresentar à cúpula da *Penthouse* nos Estados Unidos.

Era preciso ainda demarcar quais seriam os diferenciais da publicação frente às suas concorrentes no mercado brasileiro – principalmente a *Sexy* e a *Playboy*. A primeira diferença não era nenhuma vantagem: eles contavam com muito menos dinheiro no orçamento. Mas o segundo ponto tinha tudo para ser um fator de destaque. A *Penthouse* seria uma revista mais libertária em relação à sexualidade, inclusive a da mulher, que, naquele momento, buscava a independência plena perante os homens.

Na carta de intenções da edição brasileira estava a defesa do sexo livre, dos direitos iguais entre mulheres e homens na vida sexual e, principalmente, a exaltação do prazer como a coisa mais importante de todas. A linha editorial traria reportagens próximas da realidade do leitor – muito mais submundo das drogas e entrevistas com matadores profissionais do que perfis de grandes nomes do cinema, política e esportes, como era comum nas páginas de suas concorrentes diretas.

O *slogan* era marcante: "Uma revista de sexo, política e protesto". Voltaram de Nova York com o boneco aprovado.

O projeto foi gestado por cerca de um ano. Na metade de 2001, com a primeira edição quase pronta para chegar às bancas, Maroni executou uma inusitada jogada de marketing para divulgar a marca no país. A seu modo, entre o fanfarrão e o zombeteiro, ele conseguiu se aproveitar da concorrente *Playboy* e, de quebra, divulgar a *Penthouse* em rede nacional – no programa dominical da maior emissora de TV do Brasil, a Rede Globo. Foi para deixar muito publicitário se mordendo de inveja.

Maroni teve a sacada enquanto lia o jornal *Folha de S. Paulo*, em sua casa. Uma notinha dizia sobre um leilão promovido pela *Playboy*, com peças utilizadas por modelos que estamparam suas páginas. Entre os itens que seriam apregoados estavam uma sandália e um biquíni usados pela atriz Luma de Oliveira – uma das maiores musas que habitam a cabeça erótica de Maroni.

O leilão era on-line e permitia que o interessado desse lances anonimamente. Maroni arrematou as peças de Luma por R$ 3 mil. Então, quando foi informado de que o seu dinheiro seria revertido para a Associação de Pais e Amigos dos Excepcionais (Apae) de Búzios, no Rio – uma das entidades beneficiadas pela ação –, decidiu dobrar a oferta: assinou um cheque de R$ 6 mil.

Essa generosidade do comprador anônimo acabou chamando a atenção dos organizadores do leilão. Decidiram armar para que o felizardo recebesse as peças das mãos da própria Luma, no programa *Domingão do Faustão*, da Rede Globo, ao vivo para todo o Brasil. A identidade dele foi preservada até o último momento.

O circo estava armado e era o cenário perfeito para Maroni divulgar a sua empreitada editorial. Luma de Oliveira estava estonteante com um vestido preto aberto nas pernas – Maroni jamais se esqueceria.

Quando foi chamado ao palco, o empresário primeiramente se apresentou como um fã inveterado da atriz. Era tão obcecado que havia chegado a desfilar ao lado dela na Marquês de Sapucaí, sambódromo carioca – naquele ano, Luma havia sido madrinha da bateria da escola Unidos do Viradouro. Faustão fez algumas de suas firulas costumeiras e, quando Maroni recebeu as peças das mãos de Luma, quem apareceu em cena foi justamente o empresário Eike Batista, na época seu marido. Batista ficaria muito conhecido anos mais tarde: chegou a ser o dono da maior fortuna do país, mas depois acabou falindo.

Na ocasião, ele comparecia ao palco com o propósito de tentar reaver as peças da mulher. Safo, Maroni percebeu que era hora de se apresentar corretamente. Disse que era o publisher da *Penthouse* no Brasil, que a revista estava para ser lançada, e informou que não iria se desfazer dos itens de Luma por dinheiro nenhum – porque tinha planos, digamos, mais nobres para eles.

Maroni e o biquíni usado por Luma de Oliveira, ex-mulher de Eike Batista.

– Ela é um patrimônio da masculinidade e seu biquíni pertence ao homem brasileiro. Em breve será exposto no Museu da Sexualidade Humana, que devo inaugurar no ano que vem – revelou Maroni.

O projeto do tal museu nunca saiu do papel. Visivelmente irritado com a esperteza do seu convidado, Faustão tentou interromper:

– Tá bom, tá bom, já fez o seu merchandising.

Percebendo que não haveria concordância, Batista propôs a Maroni um acordo de cavalheiros: ele poderia ficar com os itens arrematados, mas ambos iriam contribuir com mais uma quantia para que a Apae de Búzios conseguisse comprar uma van.

A sacada publicitária, entretanto, entraria para os anais da mídia brasileira. Na revista *IstoÉ*, o jornalista Camilo Vannuchi escreveu que aquele teria sido "um dos maiores episódios de marketing da década". O site Inside Playboy, mantido por fãs da revista que promoveu o leilão, também registrou o ocorrido. "Ela e Eike aceitaram participar do dominical da Rede Globo, no intuito de recomprar as peças antes de entregá-las. Mas aí veio a surpresa: o vencedor anônimo era Oscar Maroni Filho, empresário do ramo do entretenimento adulto e diretor da edição brasileira da revista *Penthouse*, rival da *Playboy*. Maroni, numa jogada de mestre, divulgou ao vivo sua revista para 40 milhões de telespectadores e nem cogitou devolver as peças para Luma."

No fundo, a felicidade de Maroni consistia em alfinetar a concorrente, embora soubesse que nunca venderia tanto como ela. Em agosto de 2001, quando a *Penthouse* lançava a edição número zero, ele novamente promoveu sua revista à custa da *Playboy*.

Naquele mês, o ensaio de capa da *Playboy* trazia a modelo Michelly Machri, que ficou famosa por estrelar os comerciais do refrigerante Sukita. Nos filminhos publicitários, Michelly era uma ninfeta que encantava um homem de meia-idade. No fim, ele sempre se frustrava por não conseguir nada com aquela moça vinte anos mais jovem.

Maroni se inspirou nessa campanha publicitária para gerar mídia espontânea para sua *Penthouse*. Alugou uma limusine preta e colocou dentro dela uma dúzia de garotas do Bahamas, alguns dos seguranças da casa e centenas de latas de Sukita. De lá foram até o endereço onde ocorria a festa de lançamento da *Playboy* do mês. Como já era um rosto conhecido, Maroni acabou convidado a curtir a festa – o que fez com toda a intensidade. Aquela insólita invasão do evento da concorrente acabou sendo destaque em jornais, revistas e sites.

Em novembro, a *Penthouse* publicaria uma capa polêmica. A modelo Tânia Alves aparecia vestida em trajes típicos islâmicos. A manchete provocava: "Revelamos a·sexualidade reprimida da mulher muçulmana". Vale ressaltar o contexto da época, já que aquela edição chegava às bancas exatos dois meses após os ataques às torres gêmeas, em Nova York, no 11 de setembro eternizado pela história – ataque atribuído justamente a radicais muçulmanos.

Naquele número, o editorial assinado por Maroni ressaltava os perigos dos ataques terroristas – mas também lembrava dos problemas vividos pelos brasileiros. "A cada 13 minutos uma pessoa é assassinada no país", afirmava. "É estarrecedor. Precisamos mudar isso. *Penthouse*, uma revista de sexo, política e protesto, toma a dianteira e lança uma campanha para transformar esse quadro." Para o empresário, essa situação periclitante vivida pelo Brasil também era uma forma de terrorismo.

Se Maroni durou um ano à frente da *Hustler*, seu trabalho capitaneando a *Penthouse* seria ainda mais curto: apenas oito edições. O fim seria cômico se não fosse trágico. Maroni tentava convencer a humorista e atriz Dercy Gonçalves – que morreria em 2008 – a estrelar uma capa da revista. Detalhe importante: na época, Dercy tinha 94 anos.

Conhecida por sua espontaneidade e por não medir palavras, era uma personagem que combinava muito com o jeito excêntrico de Maroni. A ideia polêmica parecia perfeita para o empresário, mas não agradou nem um pouco a equipe da revista. Mesmo com essa resistência, Maroni e Valim foram ao Rio de Janeiro para conversar com a humorista. O encontro, em um hotel em Copacabana, resultou em acordo: Dercy posaria, mas teria de ser um ensaio sensual, nada explícito. Muito mais ao estilo da revista *Vip*, cujas modelos não mostram as partes íntimas, apenas se insinuam em trajes sumários.

Maroni não estava muito satisfeito com esse acerto. Queria algo mais polêmico do que apenas fotos provocativas. Como Dercy havia contado que a bengala que ela utilizava havia sido um presente do Faustão, ele resolveu ousar:

– Dercy, que tal um ensaio em que você passa a bengala do Faustão pela vagina?

– Então por que você não imagina a sua mãe de quatro com essa bengala enfiada no cu? – rebateu a humorista, descontrolada diante do desrespeito do empresário.

Na sequência, ela tentou bater em Maroni com a bengala. Coube a Valim colocar panos quentes na situação.

Dercy saiu do hotel sem se despedir. E a dupla retornou a São Paulo sem contrato assinado. Mas eles não tinham desistido. Valim voltou a abordar a humorista, dessa vez aumentando o valor do cachê oferecido. Diante da quantia – que eles se negam a revelar –, ela mudou de ideia e finalmente assinou o contrato.

Então Valim foi sozinho novamente para o Rio, já pronto para entregar o cheque para Dercy. Dessa vez ela estava bem mais animada. Marcou o encontro em sua própria casa e fez com que o empresário provasse o seu sanduíche de pernil. Segundo ela, tratava-se de uma iguaria que "o Faustão ama de paixão". Mais do que provar, aliás, ela praticamente obrigou Valim a comer cinco lanches.

Quando estava no terceiro e já não podia mais com nada, ele se aproveitou de um momento em que a humorista foi ao banheiro e jogou os restantes pela janela. A conversa foi bem leve e descontraída. Ali ela confidenciou que não transava havia 30 anos.

– E por quê? – perguntou Valim.

– Porque eu nunca gozei.

Saíram do apartamento de braços dados rumo ao banco. A ideia era depositar o cheque. Ao chegarem à boca do caixa, Dercy vislumbrou a chance de curtir aquela dinheirama toda. Então decidiu sacar o dinheiro. A quantia era tanta que ela precisou pedir uma sacola emprestada ao gerente do banco. Valim a auxiliou no trajeto de volta até sua casa. Ele foi tomado pela paranoia de que poderiam ser assaltados com toda aquela quantia. Muito calma, Dercy dizia que ninguém ousaria roubá-la no bairro em que morava havia tantas décadas.

Houve toda a sorte de problemas para a marcação da sessão de fotos – dificuldade de conciliação de agendas, equipes se recusando a trabalhar no projeto, problemas com locação. O tempo foi passando e, com o *boom* da internet, a *Penthouse* acabou encerrando suas atividades no país antes de serem feitas as imagens de uma edição com Dercy Gonçalves.

## Entre lutas e lutadores

Misturar agressividade com razão sempre fascinou Oscar Maroni. Foi em um dos seus treinos de jiu-jítsu, em 2003, que ele vislumbrou uma nova possibilidade de negócio. Gritou em voz alta em plena academia: "Vou fazer um evento de lutas diferente de tudo que existe!"

Na mesma época, ele conheceu o lutador Sérgio Batarelli, de quem se tornaria grande parceiro e amigo. Batarelli começou no esporte com apenas 10 anos de idade, em 1978. Aos 18 já era professor graduado e abria sua própria academia. Em junho de 1997, ele criou o International Vale-Tudo Championship (IVC), reconhecido como único evento real da modalidade no planeta.

Foi quando começou a brigar para que o vale-tudo fosse regularizado como esporte pelo governo brasileiro. Para isso, fundou a Confederação Brasileira de Lutas Vale-Tudo. Seu IVC revelou grandes nomes do esporte no Brasil, entre eles o lutador Wanderlei Silva.

O início da imersão de Maroni nesse mundo do vale-tudo ocorreria porque Batarelli o convidou para assistir a um evento do gênero no Maksoud Plaza, luxuoso hotel nas proximidades da Avenida Paulista, em São Paulo. Ali, Maroni se convenceu de que poderia ser uma boa tornar-se um empresário do mundo das lutas.

O que era um flerte acabou virando paixão. Assistindo a uma das lutas, embarcou em uma viagem ao passado. Lembrou-se da infância no bairro do Ipiranga, quando era fã de Bruce Lee, espectador assíduo de seus filmes, e começou a fazer kung fu – naquela iniciativa um tanto desesperada de sua mãe para que ele canalizasse sua energia e encontrasse mais autocontrole.

Sempre preocupado em associar cada um de seus passos à sua própria história, Maroni logo vislumbrou que um dos propósitos de seus eventos de lutas seria mostrar esse caminho a muitos outros jovens, tornando-os mais humanos. O empresário também desejava que suas pelejas permitissem apostas nos lutadores, a exemplo do que ocorre em alguns países. Nunca conseguiu; a legislação brasileira não permite esse tipo de jogo.

O evento a que assistiu naquela noite no Maksoud foi memorável. Com organização glamorosa, era comparável às grandes lutas de boxe na americana Las Vegas. Não à toa, Maroni ficou seduzido por aquele mundo.

Ao lado do empresário, Batarelli percebeu a empolgação no brilho de seus olhos. Escutou dele quanto estava fascinado por aquele universo e como gostaria de investir naquilo.

Com bastante dinheiro no bolso, não perderia a oportunidade de investir em algo que significasse unir duas paixões: o esporte e a ostentação. Nascia ali o projeto do ShowFight, autodenominado maior evento de artes marciais da América Latina. Com isso, Maroni também reforçava sua vontade de não ser apenas conhecido como "o dono do puteiro" – alcunha que sempre o incomodou. Passava a ser também um empresário do esporte, com um discurso de apoio ao atleta brasileiro. Naquela noite, Maroni voltou para casa com a certeza de que logo teria seu próprio evento de lutas.

Três meses depois, Batarelli o convidou para encontrá-lo no Japão. A ideia era assistir a diversos eventos da modalidade de lutas K1 em Tóquio. Esse tipo de combate é disputado de pé, sendo permitido usar técnicas provenientes das mais diversas artes marciais e esportes de combate – as mais usadas são as do kickboxing, pugilismo e muay thai.

A programação foi toda armada por Batarelli. Às 19 horas de determinada data, Maroni devia estar no saguão de um determinado hotel de Tóquio. O combinado era que um representante de um torneio de lutas iria buscá-lo ali para um *tour* na cidade, seguido de um jantar em um dos restaurantes mais tradicionais da capital nipônica.

Maroni chegou pontualmente. Já no lobby do hotel, um japonês baixo e forte que o observava de canto de olho se levantou e foi até ele. Nos poucos metros que os separavam, o homem foi interrompido três vezes por funcionários do hotel. Eles o reverenciavam, como se se tratasse de uma divindade oriental.

O japonês então cumprimentou Maroni e eles saíram do hotel. Do lado de fora, uma Mercedes-Benz S 500 estava à espera, junto com outros veículos atrás, prontos para a escolta – que levavam um séquito de seguranças particulares.

O anfitrião assumiu o volante e Maroni se sentou no banco do passageiro. O tradutor foi em um dos assentos traseiros.

Estacionaram no centro de Tóquio, no meio da rua. O japonês desceu de sua Mercedes, cujo volante foi assumido por um dos seguranças. Conforme foram caminhando pelas ruas, Maroni notou que as pessoas abriam as portas das casas para cumprimentarem o tal japonês, sempre com devoção e respeito. O empresário passou a suspeitar que estava ao lado de um membro do alto escalão da Yakuza, a famosa e temida máfia japonesa, à qual, entre outras coisas, se atribui o controle do universo das lutas no Japão.

Entraram em uma casinha simples e antiga onde funcionava um restaurante tradicional. Na entrada, todos os clientes abaixaram a cabeça até eles se sentarem – era cada vez mais claro o respeito devotado a seu anfitrião naquela noite. Sentaram-se ao balcão e logo foram servidos com diversos tipos de comida, das cruas às quentes.

Na conversa com o japonês, Maroni começou a compreender sua trajetória. Ele havia sido um grande lutador e agora gerenciava as lutas do Pride – precursor do Ultimate Fighting Championship (UFC) –, então o maior evento de lutas do Japão.

Em um momento em que ele pediu para se retirar rapidamente, Maroni aproveitou para perguntar ao intérprete, discretamente e em voz baixa, se aqueles homens eram da Yakuza. Ele confirmou, acenando timidamente com a cabeça.

Só então chegou Sérgio Batarelli. Os cumprimentos acabaram interrompidos, abafados por uma súbita gritaria protagonizada pelo anfitrião japonês. Ele reclamava veementemente com os homens que trabalhavam no balcão do restaurante. Preocupado, Maroni perguntou insistentemente ao intérprete o que estava acontecendo.

Ele explicou que o motivo do estresse era o copo em que o saquê estava sendo servido: aqueles copos quadrados – *massu* –, como os que são utilizados em restaurantes japoneses no Brasil. Conforme aprendeu Maroni naquela ocasião, tradicionalmente esse tipo de copo é utilizado apenas como medida – e servir uma bebida de boa qualidade neles soa ofensivo. O representante do Pride só se acalmou quando o saquê foi novamente servido, desta vez em copos *choko* – pequenos recipientes de cerâmica.

Mas sua imersão pela cultura japonesa não terminaria ali. Após o jantar, o homem das lutas anunciou:

"Agora chegou a hora de você conhecer o outro lado do sindicato".

Partiram então, sempre acompanhados pelos carros dos seguranças, para uma boate no melhor estilo Bahamas. Lá, Maroni se encantou mais uma vez, agora com as mulheres. Havia representantes de todas as partes do mundo, do Leste Europeu à América Latina.

Um dos seguranças ofereceu ao empresário um pote cheio de notas de dólares, já devidamente dobradas para serem postas nas *lingeries* de todas as cores que vestiam os corpanzis espalhados pelo ambiente. Do outro lado do planeta, Maroni se sentia em casa.

Escolheu uma garota oriental – afinal, queria uma prata da casa para a experiência ser perfeita. Pretendia comprovar o mito de que as orientais são mais fogosas do que as ocidentais. A moça subiu ao quarto vestida de gueixa, segurando suas mãos.

A transa foi inesquecível porque, além de tudo, um não compreendia uma palavra do que o outro dizia. Completamente saciado, Maroni voltou ao hotel com uma promessa: no dia seguinte iria assistir a uma das competições do Pride.

Para tanto, seu acesso seria o melhor possível. No próprio hotel recebeu um convite VIP para o evento. Seu lugar era o mais privilegiado da arena: com a cara na corda ou, nas palavras de Maroni, "onde o sangue pinga no seu sapato".

Quarenta mil pessoas lotavam o ginásio naquela noite, dando ao empresário a real dimensão do negócio. Ele ficou embasbacado com a megalomania do evento. Nos intervalos entre um combate e outro, um verdadeiro cardápio de atrações desfilava dentro do ringue. Na que mais lhe chamou a atenção, verdadeiros Hércules disputavam o título de homem mais forte do mundo em tarefas que consistiam em carregar troncos de árvores, pesos e pessoas.

Foi daí que Maroni pensou em batizar o seu evento como ShowFight. Ele queria misturar shows de entretenimento a lutas e artes marciais. Assim como no Pride, na sua atração os lutadores também poderiam entrar no ringue fazendo um verdadeiro espetáculo com excentricidades, como uso de fogos de artifício, fantasias e calções com frases provocativas aos adversários. A diferença entre o evento de Maroni e o Pride seria o mestre de cerimônias exclusivo da versão brasileira: no caso, o próprio Oscar Maroni.

Antes de implementar seu projeto, o empresário voltaria mais duas vezes ao Japão. Ali acompanhou diversas edições do Pride. Em uma delas, em Nagoia, a terceira cidade mais rica do país, conheceu Wanderlei Silva, um dos maiores lutadores brasileiros da atualidade.

Maroni se apresentou como um grande fã e contou a ele sobre sua ideia, conquistando o apoio imediato do brasileiro. Na curta conversa travada entre os dois, ainda antes de embarcarem no trem de volta a Tóquio, Maroni perguntou como ele mantinha o controle durante os combates:

"Quando começo a perder a razão, eu começo a perder a luta", filosofou o lutador.

Aquela frase ficou ecoando na mente de Maroni por toda a noite. Foi baseado nela que ele criou o bordão de seu ShowFight: "Chega de briga, vamos à luta!"

## De brigões a lutadores

As viagens ao Japão encheram de ideias a bagagem de Oscar Maroni. No Brasil, ele misturou tudo aquilo num liquidificador com seus próprios sonhos. Para a empreitada, contou com a ajuda do lutador Jorge Patino, seu amigo pessoal. Conhecido no mundo das lutas como Macaco, Patino é especialista em jiu-jítsu e foi um dos primeiros da modalidade a combater também o Mixed Martial Arts (MMA).

No início dos anos 2000, Macaco estava no ápice da carreira e era conhecido pela sua agressividade. Tornaram-se históricos para o esporte seus combates com Fernando Margarida, Roberto Godoi, Eduardo Pamplona e Ryan Gracie, seus maiores rivais.

Faltava um nome para Maroni naquele mundo das lutas. Ele precisava criar um *alter ego*, um personagem que fosse a sua essência transformada em anfitrião de uma atração incrível. Nascia o ShowFight sob o comando então de Dom Maroni. Em síntese, seria um evento de luta livre com a preocupação fundamental de valorizar atletas nacionais, tratando-os com respeito e reconhecimento. O empresário dizia-se incomodado com o fato de que apenas no exterior lutadores profissionais recebiam grandes fortunas e eram ídolos no esporte.

Maroni apresentando uma das lutas do ShowFight. O empresário se considerava um lutador também, mas no sentido figurado, por ter lutas diárias na vida.

Nos contratos propostos por Maroni, o lutador que vencesse um combate já estava automaticamente pré-contratado para a próxima edição. Sua ideia era criar uma identidade com o público. E transformar os competidores em ídolos.

A fazenda Santa Cecília fez com que o empresário criasse vínculos em Araçatuba, município do interior paulista onde ela se localizava. Acabou fazendo muitos amigos por lá. Quando estava hospedado em sua propriedade, costumava ir ao centro da cidade só para conversar com as pessoas e se mostrar interessado com o desenvolvimento local.

Por causa dessas idas e vindas, Maroni acabou conhecendo o médico e político Jorge Maluly, prefeito de Araçatuba de 2001 e 2008, eleito primeiramente pelo Partido da Frente Liberal (PFL), em seguida pela agremiação que o sucedeu, o Democratas (DEM). Em 2004, o empresário telefonou para o prefeito e detalhou a ele a ideia do evento. Para convencê-lo, argumentou que o ShowFight poderia levar visibilidade e público para a região. Como contrapartida, precisaria do ginásio de esportes da cidade.

Maluly aceitou. Em junho daquele ano a atração de Dom Maroni sairia do papel. O empresário queria, entretanto, que atletas de Araçatuba também participassem dos combates – acreditava que, com isso, ganharia a plateia da região. Descobriu que existia uma rixa entre os donos das duas principais academias da cidade, o praticante de jiu-jítsu Wilson Cunha Filho e o boxeador Rubens Lima Castro, conhecidos respectivamente como Wilsinho e Rubinho.

O ódio alimentado entre os dois treinadores acabava extravasando para seus alunos. Assim, quando grupos das academias rivais se encontravam em bares e baladas, era comum ocorrerem brigas e atritos. Vislumbrando ali uma possibilidade interessante, Maroni convocou Wilsinho e Rubinho para uma reunião em sua fazenda. Ofereceu a ambos um bom contrato para que se enfrentassem no ringue, mas com uma condição: que eles apertassem as mãos publicamente e garantissem que não haveria nenhum atrito até o dia do combate.

"Vocês são brigões de rua. Eu quero fazer de vocês lutadores de verdade", sentenciou Dom Maroni.

Eles concordaram e assinaram ali mesmo o acordo.

Apesar do apoio da imprensa local e de patrocinadores da região, do preço popular dos ingressos e da batalha entre academias conhecida no município, Maroni tinha receio de que o evento fosse um fiasco. Afinal, era um evento novo, sem nenhuma tradição. Expert em cativar mídia espontânea, o empresário queimou neurônios em busca de nomes que pudessem ajudar a promover seu evento. Lembrou-se do folclórico Inri Cristo.

Nascido em Santa Catarina, Álvaro Inri Cristo Thais é um filósofo e líder espiritual que se diz a reencarnação de Jesus Cristo. Inri é o fundador da Suprema Ordem Universal da Santíssima Trindade (SOUST). Até 2006, sua instituição funcionava provisoriamente em Curitiba, no Paraná, onde ele vivia. Desde então, instalou-se em Brasília.

Maroni descobriu seu telefone e o chamou para ir até o Bahamas, afirmando ter uma proposta que poderia ser interessante. Ficou surpreso porque Inri topou ir até a casa noturna com a maior naturalidade, sem questionar de forma alguma a natureza do entretenimento adulto ali praticado. Lá chegando, avistou uma mesa de sinuca e, já separando os tacos, propôs a Maroni:

– Vamos jogar uma partidinha?

O empresário topou, é claro. Inri ganhou todas, de uma longa série. Para apagar as sucessivas derrotas, Maroni soltou uma piada:

– Sabe qual a diferença entre sexo e bilhar? É que no bilhar você coloca as bolas para dentro e fica com o taco para fora. Com o sexo acontece o contrário.

Ambos caíram na gargalhada. Nascia ali um vínculo de amizade. E Inri topou participar do evento, com uma única exigência: levar também suas apóstolas, as famosas Inrizetes.

A comitiva sacra de Inri Cristo chegou a Araçatuba poucos dias antes do ShowFight. Em um *motorhome*, chamando a atenção de toda a população araçatubense. Com as Inrizetes, instalou-se na fazenda de Maroni. Sua passagem pela cidade causou um *frisson*: ele andou de moto e jogou sinuca com os lutadores, ganhando todas as partidas.

A Santa Cecília se transformou numa espécie de quartel-general do evento. Ali ficaram hospedados diversos lutadores, mulheres fisiculturistas, que fariam um show nos intervalos entre um combate e outro, e garotas do Bahamas – ali, no papel de *ring girls*.

Finalmente chegou o dia esperado. Horas antes do evento, Dom Maroni mandou que um de seus capitães de área fosse até o ginásio de esportes. Entre ansioso e vaidoso, ele queria saber do movimento. A notícia foi ótima: o local nunca antes tinha recebido um público tão grande. O empresário precisou de escolta policial para conseguir chegar ao ginásio.

Entrou acompanhado de Inri Cristo e algumas Inrizetes. Quando o público viu Inri, ele foi vaiado e xingado de "satanás" e "veado". Já as Inrizetes foram chamadas de "gostosas" pelo público presente. Acostumado a todo tipo de reação das pessoas, Inri não se intimidou e cumpriu o protocolo: abençoou o ringue e a plateia e ficou o tempo todo ao lado de Maroni.

Antes de o primeiro combate começar, Dom Maroni pronunciou, do centro do ringue, as palavras que se tornariam seu bordão:

– Respeitem seus deuses. Amem suas mulheres. E que vença o melhor.

Então ele guardou um pequeno silêncio, com um único holofote apenas o iluminando, centro total das atenções. E gritou:

– Porrada!

Era a senha para o início do espetáculo.

Em sua primeira vez, o ShowFight teve 12 lutas e diversas atrações. Animado com o sucesso, nem bem havia terminado o evento e Maroni já começava a pensar na segunda edição.

## Repreensão ou repressão?

Antes, porém, o empresário seria notícia mais uma vez – e não nas colunas sociais ou nos roteiros de entretenimento, mas sim nas páginas policiais. Em novembro de 2004, o Bahamas recebeu uma equipe de policiais com um mandado de busca e apreensão. O delegado perguntou para Oscar Maroni se havia algo ilegal na casa. Em vez de responder, ele abriu o cofre e mostrou uma arma. Era uma pistola Walther 380, de uso exclusivo do Exército.

Além disso, a blitz policial encontrou carnes vencidas na cozinha, o que rendeu prisão para quatro funcionários, além do empresário. Trinta clientes também foram conduzidos à delegacia, no 13º Distrito Policial, no bairro da Casa Verde, zona norte de São Paulo, para prestar depoimento. Os clientes foram liberados em seguida; os funcionários tiveram de pagar R$ 500 cada um, como fiança. Maroni ficaria detido.

O dono do Bahamas acabaria indiciado também por sonegação fiscal, lavagem de dinheiro e exploração da prostituição – acusações das quais viria a ser absolvido depois.

"Se não é pego pela prostituição, é pego por outros crimes, como nós fizemos agora", afirmou o delegado Aldo Galiano, responsável pela detenção.

Essa prisão duraria duas semanas. Maroni dividiu uma superlotada cela com outros 30 presos. Na saída, ele foi da cadeia direto para o sensacionalista programa de entretenimento *SuperPop*, apresentado por Luciana Gimenez na RedeTV!. Ligou para a sua secretária pedindo a ela que providenciasse um uniforme de presidiário. *Showman* por natureza, queria causar impacto na televisão. Vestiu-se com a fantasia, com um simbólico 171 no peito – em alusão ao artigo do Código Penal que prevê o crime de estelionato.

No ar, denunciou algumas, para ele, injustiças dos sistemas penal e judiciário brasileiro. Muitos o tacharam de oportunista.

Não seria essa sua única participação no *SuperPop*. As comumente polêmicas declarações do empresário encontraram eco perfeito no apimentado programa de Luciana Gimenez: nos anos seguintes, Maroni se tornaria *habitué* dos estúdios da RedeTV!

Essas aparições na mídia não refletem diretamente no público do Bahamas, ou seja, não significam lucro para o empresário. Entretanto, para um homem que gosta de contar histórias e, principalmente, expor e defender seus muitas vezes controversos pontos de vista, qualquer púlpito com plateia é sempre bom negócio. E, mesmo que a audiência da RedeTV! não seja um sucesso, suas polêmicas acabam repercutindo em sites, jornais, revistas e, nos últimos tempos, nas redes sociais.

## Histórias do ringue

A segunda edição do ShowFight ocorreu em maio de 2005. Desta vez em São Paulo, no DirecTV Music Hall, casa de shows que funcionava em Moema, mesmo bairro do Bahamas.

Oscar Maroni repetiu a fórmula que havia dado certo em Araçatuba. Além dos combates tradicionais, buscou academias rivais para apimentar a disputa. Dessa vez, promoveu a luta entre Macaco, alcunha de Jorge Patino, e Ryan Gracie. O primeiro já contava, àquela época, com um respeitável currículo no jiu-jítsu – faixa preta desde 1998 – e no vale-tudo.

Ryan Gracie, por sua vez, era do famoso clã fundador do Brazilian Jiu-jítsu – mais especificamente neto do criador, Carlos Gracie. De gênio difícil, colecionava passagens pela prisão, geralmente por envolvimentos em brigas. Sua morte, em 2007, aos 33 anos, foi em consequência de uma dessas confusões. Ele teve uma crise de paranoia e saiu aleatoriamente pelas ruas de São Paulo. Na mesma noite, roubou um carro e depois tentou surrupiar uma moto. Motoboys acabaram segurando-o até a polícia chegar. Foi encontrado morto na delegacia na manhã seguinte – de acordo com laudo do Instituto Médico Legal, por causa de remédios que teriam sido ministrados a ele para tranquilizá-lo.

Macaco e Gracie já tinham um longo histórico de rixas – protagonizaram até brigas de rua em São Paulo. Certa vez, haviam se encontrado na sede da Federação Paulista de Jiu-Jítsu, em Pinheiros, zona oeste da cidade. Começaram a discutir e iniciar a troca de golpes. A confusão terminou com a moto de Ryan destruída por Macaco. Além desse contexto prévio, o fato de ambos contarem àquela altura com uma carreira internacional dava mais status ao evento de Maroni.

O empresário queria ostentação. Contratou limusines para o transporte de todos os convidados, e ele mesmo chegou pilotando uma Harley – e com ela foi até o centro do ringue. Entre uma luta e outra, nomes de peso do Pride, como Wanderlei Silva e Rodrigo Minotauro, foram homenageados. Maroni também promoveu apresentação de cachorros adestrados, malabaristas, acrobatas e até uma carateca especializada em quebrar grandes pedaços de gelo com o punho.

Emocionado com a realização de seu empreendimento, Dom Maroni não conseguiu disfarçar as lágrimas minutos antes da grande luta da noite, um embate entre Cláudio Godoy e Gabriel Vella, respectivamente representantes das academias Ryan Gracie e Macaco Gold Team. Vella se sagrou campeão.

A terceira edição do ShowFight foi realizada no Ginásio Geraldo José de Almeida, mais conhecido como Ginásio do Ibirapuera – pois integra o complexo do mais famoso parque paulistano. Já consolidado no meio, o evento contou com transmissão ao vivo pelo canal a cabo Combate e cobertura jornalística completa pela RedeTV!.

Foram 8 mil espectadores e a presença nobre de Hélio Gracie, então com 92 anos – ele morreria em 2009. Patriarca da família Gracie, trata-se de um grande nome do mundo da luta. Ele foi o idealizador do estilo de arte marcial brasileira conhecido mundialmente como Brazilian Jiu-jítsu.

Com o evento respeitado entre os fãs de lutas, Maroni teve mais um de seus sonhos megalomaníacos. Vislumbrou algo muito maior do que o show de artes marciais. Promoveria a sua versão da Luta do Século. No caso, um combate entre o pugilista Mike Tyson e o lutador de jiu-jítsu Rickson Gracie.

Havia um histórico por trás desse plano. Nos anos 1990, tanto Rickson como seu irmão Royce chegaram a desafiar o famoso lutador de boxe diversas vezes. Seria um tira-teima entre as duas modalidades. Anos depois, Tyson chegou a responder a eles:

– Bem, nessa época eu estava na prisão. Então não teria como essa luta com Royce acontecer – afirmou Tyson, que ficaria três anos detido nos anos 1990 após ter sido condenado por estupro. – Mas eu não teria chance de vencer o combate. Não fazia ideia de como era lutar vale-tudo. Teria de treinar nas regras do MMA antes de aceitar qualquer coisa. Você não pode subir para lutar ali só contando com seus punhos e sem ter técnica de chão.

Tyson chegou a vir ao Brasil para ouvir a proposta de Maroni. Foi uma visita sem *glamour*. O astro internacional chegou ao Bahamas. Um segurança da casa o reconheceu à entrada e interfonou para o patrão, surpreso:

– Oscar, o Mike Tyson está aqui – ele não conseguia disfarçar a voz trêmula de emoção.

– Manda subir – respondeu um ansioso Maroni.

Recebeu-o na antessala de seu escritório. Surpreendeu-se com um homem muito mais simpático do que ele imaginava. Afastado dos ringues, o pugilista ficou fortemente tentado com a proposta do empresário – mesmo estando visivelmente fora de forma.

Depois da conversa séria, Maroni decidiu mostrar ao ilustre visitante o seu Bahamas. Tyson demonstrou curiosidade em conhecer aquele balneário do prazer. Pouco mais tarde, um segurança da casa ligou para o empresário:

– Seu Oscar, a imprensa toda está aqui atrás do Mike Tyson.

– Deixa entrar um jornalista de cada veículo, mas sem aparelho de imagem ou som – ordenou Maroni.

Então ele foi curtir a noite ao lado do ídolo dos ringues. Tyson parecia à vontade. Bebeu e brincou com algumas garotas enquanto conversava com frequentadores do Bahamas.

Tudo ia bem, até que o pugilista percebeu o que julgou ser invasivo:

– Aquele cara ali na escada está me filmando e eu não estou gostando – Tyson reclamou para o anfitrião.

– Faça o que quiser com relação a isso, Mike. Eu já pedi que não entrassem com câmera aqui – respondeu Maroni.

Tyson caminhou pesadamente em direção ao jornalista.

– Se vocês querem fazer publicidade, vamos começar agora – sentenciou.

Com uma rapidez violenta, tomou a câmera do rapaz e amassou-a com uma só mão. Destruiu o equipamento e o jogou na cara do cinegrafista.

O jornalista recolheu os pedaços da câmera quebrada, saiu da casa noturna e ligou para a polícia. A essa altura, Tyson já havia saído dali. Sua próxima parada seria na Love Story, boate do centro de São Paulo.

Cerca de uma hora mais tarde, o telefone de Maroni tocou. Era um dos seguranças da Love Story, velho conhecido do empresário, que gostava de frequentar essa casa noturna. Ele estava apavorado porque Mike Tyson seria preso ao sair da boate – e não havia ninguém para lhe dar assistência. Na hora, pensou em Maroni.

O dono do Bahamas correu para lá. Organizou um esquema para que o pugilista saísse da Love Story sem alarde, em seu Jaguar, seguido por batedores da Polícia Militar. Foram até o 27º Distrito Policial, a mesma delegacia em que Maroni esteve preso muito tempo atrás.

Ali, entre os oficiais de plantão, o empresário era figura popular. Tomou as rédeas da situação facilmente. Dentro de pouco tempo, os policiais estavam mais preocupados em tirar fotos com o astro do que em autuá-lo.

– Não me arrependo. Estou é feliz por isso não ter acontecido quatro anos antes, quando eu era quatro anos mais idiota. Há quatro, três anos, eu teria arrebentado a câmera na cabeça dele – afirmou Tyson.

No fim da história, o caso acabou não dando em nada. O cinegrafista Carlos Eduardo da Silva, repórter cinematográfico a serviço do canal SBT, chegou a mover uma ação na justiça contra Maroni – saiu derrotado. O Tribunal de Justiça de São Paulo (TJ-SP) negou ao jornalista uma indenização por ter sido agredido por Tyson. No entendimento do TJ, os danos "decorreram de um fato estranho, que a ré (no caso, o Bahamas) não podia evitar e que rompeu o nexo causal". Para o relator do caso, o fato de a boate ter convidado o repórter para entrar na casa e a presença de seguranças no local era irrelevante, pois eles não seriam capazes de evitar a atitude do boxeador. "Não é aceitável que se imponha à ré o dever de custodiar ou fiscalizar a conduta do pugilista, de forma preventiva e para impedir ações extraordinárias, súbitas e imprevisíveis. Isso não tem amparo legal", concluiu.

Quanto ao combate entre Tyson e Gracie, Maroni queria três lutas: a primeira em Dubai, nos Emirados Árabes Unidos; a segunda em São Paulo; e a finalíssima em Las Vegas, nos Estados Unidos.

As negociações avançaram bem. Tyson parecia precisar do dinheiro – a promessa era de R$ 500 mil por cada luta, além de polpuda premiação ao vencedor. O empresário chegou a viajar para Dubai, para negociar possíveis espaços e patrocinadores por lá. O empecilho acabou sendo de Rickson Gracie, que estava passando por problemas pessoais e pedia um valor muito acima do oferecido por Maroni e seus investidores. A luta nunca aconteceria.

## O começo do fim

Oscar Maroni preparava a que seria a última edição do ShowFight, quando foi procurado por Fernando Margarida, lutador amigo e parceiro de treinos. Ele insistia que queria participar do evento, enfrentando Jorge Patino, o Macaco.

O empresário fez pouco caso da coragem de Margarida. Afinal, tratava-se de um lutador sem nenhuma luta de MMA na carreira, enquanto Macaco já acumulava 40 combates do gênero. Pouco antes de fechar a programação final, Maroni acabou cedendo à insistência do amigo:

– Tá bom, eu deixo você lutar. Mas você precisa entrar no ringue distribuindo margaridas para o público.

– Eu topo – disse o lutador.

Maroni viu aquilo como uma boa oportunidade de marketing.

Alugou um salão do Hilton, hotel de luxo de São Paulo, para fazer ali as pesagens das lutas do ShowFight. Primeiro foi Macaco, e seu peso estava no limite para a categoria. Em seguida veio Margarida – 4 quilos acima do permitido pelo regulamento. Diante daqueles números, Macaco se recusou a lutar. Houve um princípio de confusão no local, e os ânimos só se acalmaram quando o técnico de Margarida garantiu que seu pupilo perderia o peso excedente até a data da luta, dali a poucos dias.

Pediu então que Maroni lhe emprestasse a sauna do Bahamas. O lutador passou os dias seguintes quase inteiros no vapor, sem comer nada. Quando tentou sair à força de seu cárcere improvisado, foi golpeado na face pelo seu treinador e depois trancado novamente dentro do cômodo. Felizmente ele conseguiu perder o peso excedente. Para alívio dos organizadores, a luta ocorreria.

A última edição do ShowFight aconteceu no Ginásio do Ibirapuera, em 9 de novembro de 2006. Foram investidos R$ 450 mil no evento. Cento e cinquenta pessoas trabalharam diretamente na montagem, desmontagem, limpeza e organização da atração – calcula-se que outras 450 levaram alguma vantagem nos arredores, de taxistas a vendedores ambulantes. O humorista Sérgio Mallandro foi o apresentador das atrações, animando o público com suas macaquices e estripulias características.

Na grande luta da noite, Margarida, surpreendentemente, venceu Macaco. Foram longos assaltos e a decisão, unânime, dos juízes. Ao receber o microfone como campeão, fez uma declaração inusitada:

– Agradeço o apoio dos meus cachorros Pipeline, Aloha, Sol e Touro.

O fim do ShowFight veio ao mesmo tempo que Maroni passava pela pior fase de sua vida. Um longo embate direto com o então prefeito de São Paulo, Gilberto Kassab.

# PARTE VIII
## O alvo das acusações

Aos 56 anos, parecia que a vida de Oscar Maroni estava no piloto automático. Era 2007, o Bahamas Hotel Club funcionava com certa tranquilidade, o dinheiro não parava de entrar, a rotina era leve. Na cama, as coisas também iam bem. O empresário mantinha um relacionamento estável com a modelo e garota de programa Vivian, uma beldade loira, catarinense então com 25 anos.

Entretanto, havia uma coisa que incomodava Maroni: quando Vivian ia para o Bahamas trabalhar. Em seu escritório, o libertário magnata do sexo se entregava à tristeza, imaginando a fogosa namorada nos braços de outros. Colocava Roberto Carlos para tocar e afogava suas preocupações em doses e doses de um bom uísque. Ao tilintar das pedras de gelo, ficava aventando possibilidades: ou ela deixava a prostituição ou seria melhor terminar. Vivian repetia que jamais deixaria sua vida para viver a de Maroni.

O empresário chamou a moça para uma conversa séria. A data se tornaria inesquecível: 17 de julho de 2007. Maroni explicou que era melhor romperem, contou a Vivian que já havia conhecido e se apaixonado por outra mulher, Márcia Medeiros, então com 23 anos – e, ressaltou, ela não era garota de programa, e sim publicitária.

Vivian ficou muito nervosa. Começou a gritar e a xingar o empresário. Estava inconformada com o rompimento – e com a maneira como aquela conversa vinha sendo conduzida. Nisso, pela janela, Maroni viu um grande clarão. Ambos ouviram um estrondo.

– Estourou um transformador – foi a primeira conclusão do empresário.

Eles foram observar melhor, mais próximos da janela. Só então notaram que muita fumaça vinha dos arredores do Aeroporto de Congonhas.

– Caiu um avião!

Era o voo JJ 3054 da TAM. Um Airbus 320, que não conseguiu frear, atravessou a pista do aeroporto e cruzou a Avenida Washington Luís, chocando-se contra um depósito de cargas da própria companhia aérea. Foi o pior acidente da história da aviação brasileira. Havia 187 pessoas a bordo. Todas morreram. Também foram registradas 12 mortes entre os funcionários da companhia que estavam no galpão.

Nos dias que se seguiram, todos os olhos de especialistas e órgãos de imprensa estavam voltados para a região de Congonhas. Os questionamentos eram sobre o absurdo de um aeroporto com aquele perfil intenso de funcionamento localizar-se dentro de uma movimentada área urbana.

"Esse aeroporto, como todos sabem, tem certa limitação tanto no tamanho quanto na qualidade da pista. A princípio, a gente pode afirmar que essa pode ter sido a principal causa do acidente. Um avião como o Airbus 320, ao pousar, pode não ter espaço necessário para frear", afirmou Anderson Correia, na época presidente da Sociedade Brasileira de Pesquisa em Transporte Aéreo.

Três pessoas acabaram sendo acusadas como culpadas pela tragédia: o então diretor de segurança de voo da companhia aérea, Marco Aurélio dos Santos de Miranda e Castro; o na ocasião vice-presidente de operações da TAM, Alberto Fajerman; e Denise Abreu, que ocupava o cargo de diretora da Agência Nacional de Aviação Civil (Anac). Em fevereiro de 2014, o trio seria absolvido do crime de atentado contra a segurança do transporte aéreo.

Mas se as preocupações miravam a região do aeroporto, é preciso ressaltar que os empreendimentos de Maroni ficam justamente nessa região. E o Oscar's Hotel, em obras havia tantos anos, estava na fase de acabamento, praticamente pronto para ser inaugurado justamente nessa época. Dois dias após a tragédia da TAM, Maroni recebeu uma comitiva: o então subprefeito da Vila Mariana, Fábio Lepique, outros subprefeitos, um engenheiro da prefeitura e o repórter da Globo Valmir Salaro.

Maroni interpretou aquilo como um circo montado – em que ele seria o bode expiatório para os problemas do aeroporto. Encheram-no de perguntas e informaram que estavam gravando uma reportagem sobre a região, que seria veiculada na revista eletrônica dominical *Fantástico*. Era o início de um efeito cascata de informações, em que toda a mídia se voltaria para o empreendimento do magnata do sexo.

A briga Prefeitura x Maroni ganhava as páginas da imprensa.

O *Fantástico* divulgou uma reportagem em duas partes. Na primeira, os detalhes do trágico fim do voo 3054, com depoimentos de parentes e amigos das vítimas. Em seguida, as supostas denúncias contra o empresário e seu hotel: era o início do pesadelo de Maroni. Pilotos de grandes companhias aéreas, sempre sem se identificarem, afirmavam que devido à construção do novo empreendimento foram obrigados a alterar as cartas aéreas de Congonhas. Pousar ali tinha se tornado extremamente complicado em dias de chuva por causa da pouca visibilidade, em parte agravada pelos 11 andares do hotel de Maroni, alto demais para estar tão perto de um aeroporto. Segundo esses argumentos, o Oscar's Hotel aumentaria o risco de acidentes na região.

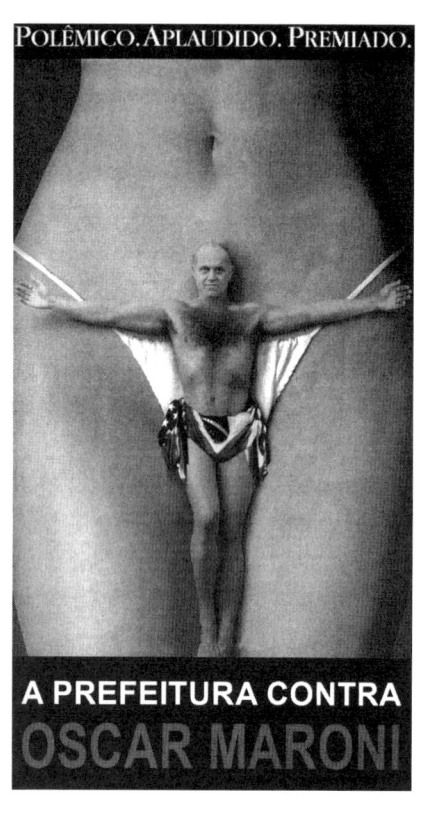

Numa alusão ao filme *O Povo Contra Larry Flint*, Maroni lançou um cartaz ironizando a perseguição da Prefeitura de São Paulo contra seu estabelecimento comercial.

Naquele dia, de acordo com a versão sustentada por Maroni, o engenheiro da prefeitura utilizou uma trena para tirar medidas do prédio e checar se a construção havia sido feita conforme o projeto aprovado.

"Puta que o pariu, a altura está correta" – o engenheiro teria dito a Lepique.

Pelas regras, a construção não poderia ultrapassar 47,5 metros de altura. O prédio foi erguido com 46 metros – três subsolos, térreo, pavimento intermediário (onde ficariam os restaurantes, por exemplo) e 11 andares de acomodações.

Mesmo assim, no dia 26 de julho o hotel foi embargado pela prefeitura. A administração municipal, então sob o comando do prefeito Gilberto Kassab, anulou o alvará antes concedido ao imóvel. A justificativa, conforme explicou o então secretário municipal de Habitação, Orlando Almeida, era tecnicamente um problema de "vício de origem". Pela proximidade com o aeroporto, a obra teria de obter duas autorizações: uma da Aeronáutica e outra da prefeitura.

Um primeiro pedido foi indeferido pela Aeronáutica porque o empresário queria construir um flat residencial no local e o zoneamento de ruído não permite. Só que ele mudou o projeto para edifício comercial de escritórios e, por isso, conseguiu a autorização. E ele usou esse documento para construir um hotel. "Um prédio de escritórios não é um hotel", disse o secretário à imprensa.

Assim, de acordo com a administração municipal, a Aeronáutica foi "induzida a erro" pela artimanha do empresário, pois aprovou um prédio de escritórios que, na verdade, seria um hotel. Dado esse cenário, sobre Maroni recaíam inclusive suspeitas de falsidade ideológica.

Para a interdição, Kassab e Almeida estiveram pessoalmente no local. Participaram da colocação de blocos de concreto e posaram para fotojornalistas. Inconformado com a situação – mas ciente de que era o momento para atrair as atenções para o seu ponto de vista –, Maroni estacionou seu Mercedes ao lado do prefeito e, enquanto ele dava entrevista, ligou o som de seu carro em alto volume. Colocou Docinho, sua cadela *poodle*, sobre o teto do carro e reclamou publicamente da interdição.

"Nós não podemos, por incompetência de nossos governantes, culpar meia dúzia de pessoas. Estou servindo de bode expiatório, político e eleitoreiro", afirmou o empresário.

Foi ali que Maroni chamou o prefeito Kassab de Madre Superiora, ironizando seu perfil de xerifão e seu conservadorismo.

## A antítese de Maroni

O engenheiro e economista Gilberto Kassab se transformou em prefeito de São Paulo porque, em 2004, ainda pelo Partido da Frente Liberal (PFL), foi eleito vice na chapa do peessedebista José Serra. Quando Serra renunciou, em 31 de março de 2006, para se candidatar ao governo do estado, Kassab se tornou chefe do Executivo da maior cidade da América do Sul. Era a primeira vez que ele ocupava um cargo desse tipo.

Nos dois anos que teve para imprimir seu nome na História, tirou do papel a ousada e polêmica Lei da Cidade Limpa, reorganizando a cidade visualmente. Sua marca estava criada. Veria ainda seu partido se transformar em Democratas (DEM) e é com essa bagagem que venceria a eleição de 2008, para ficar mais quatro anos à frente da cidade. Não foi uma campanha eleitoral fácil. No segundo turno, o político teve como rival a ex-prefeita Marta Suplicy, então candidata pelo Partido dos Trabalhadores (PT). Entre altos e baixos, até a sexualidade de Kassab – que nunca se casou e não tem filhos – foi questionada em inserções político-partidárias nas emissoras de televisão e de rádio.

Uma análise fria de sua gestão revela que Kassab foi um desatador de nós. Atacou em diversas áreas para diminuir déficits existentes. Buscou alcançar metas prometidas em campanha – nem sempre com sucesso, é verdade. Mas nunca se mostrou pretensioso a ponto de querer apontar um inovador rumo para São Paulo ou, ao menos, buscar soluções urbanísticas para uma cidade que convive com sequelas de décadas de crescimento desordenado e não planejado.

Em seu segundo mandato, o prefeito urbanizou favelas, diminuiu déficits de vagas em escolas e creches e reorganizou a rede pública de saúde. Entretanto, seu trabalho apenas aparou lacunas ou resolveu aquilo que estava para ser resolvido – ele não ousou, não foi marcante em nenhuma dessas áreas.

Ao mesmo tempo, preocupou-se em criar uma nova legenda eleitoral, oficializada em 2011. O Partido Social Democrático (PSD) já nasceu gigante, como o terceiro maior do país.

Kassab geria a cidade como um síndico administra um prédio: estava na rua, em agendas externas, vistoriando, cobrando, aparecendo. Assim como um síndico implica com o vizinho barulhento e o morador que descumpre "só um pouquinho" a regra do horário limite para usar a piscina, o prefeito também tinha suas idiossincrasias: adotou medidas consideradas higienistas para tirar sem-teto de áreas nobres, combateu camelôs e prostituição e implicou até com músicos de rua no centro. Nesse sentido, o epíteto de Madre Superiora vinha mesmo a calhar.

Segundo o Instituto Brasileiro de Opinião Pública e Estatística (Ibope), o prefeito encerrou seu segundo mandato sendo avaliado como ruim ou péssimo por 48% da população paulistana.

O viés comportadinho não foi construído por nenhum marqueteiro político. Em seus tempos de juventude, quando cursava engenharia na conceituada Escola Politécnica da Universidade de São Paulo, Kassab era da turma dos que não gostavam de rock e passavam longe das rodinhas de maconha. Bom aluno, o interesse por derivada, geometria descritiva e álgebra linear se sobrepunha às preocupações políticas.

Noitada épica, na definição de Kassab e seus amigos, era aquela em que tomavam alguns copos de chope entre uma pizza e outra na Marguerita, estabelecimento da Rua Haddock Lobo, nos Jardins. Ou seja, desde muito cedo, o homem que se tornaria prefeito de São Paulo era a antítese perfeita de Oscar Maroni.

Kassab começou sua vida pública aos 25 anos de idade, quando ingressou para o Fórum de Jovens Empreendedores da Associação Comercial de São Paulo, a convite do empresário Guilherme Afif Domingos – que, mais tarde, seria um de seus aliados na carreira política.

Em 1992, aos 32 anos, elegeu-se vereador de São Paulo pelo Partido Liberal (PL). Em 1997 e 1998, na gestão de Celso Pitta, foi secretário municipal do Planejamento. Antes de chegar à prefeitura, ainda seria eleito duas vezes consecutivas deputado federal, cargo que ocupou entre 1999 e 2005.

Depois de encerrada sua gestão municipal, Kassab ainda seria ministro das Cidades do governo Dilma Rousseff, do Partido dos Trabalhadores (PT). E, no momento em que este livro era finalizado, o político comandava o Ministério da Ciência, Tecnologia, Inovações e Comunicações, no governo do presidente Michel Temer, do Partido do Movimento Democrático Brasileiro (PMDB).

## Denúncias e corrupção

Além da artimanha do projeto de Oscar Maroni e do conservadorismo do prefeito Gilberto Kassab, havia outro ingrediente para dificultar a aprovação do Oscar's Hotel: a corrupção. Ou, para ser mais claro, a negativa de Maroni em pagar propina.

O esquema milionário seria revelado pela imprensa apenas em maio de 2012. O então diretor do Departamento de Aprovação de Edificações (Aprov) da Secretaria Municipal de Finanças, Hussain Aref Saab, foi acusado de cobrar suborno para liberar imóveis de médio e grande porte na cidade – até 2016, ele respondia ao processo em liberdade.

Maroni foi o autor da primeira denúncia não anônima do caso. Ele afirmou ter recebido pedido de pagamento de R$ 170 mil para que a obra de seu hotel não fosse embargada. O empresário concedeu depoimento de quatro horas aos promotores Silvio Marques e Yuri Giuseppe Castiglione.

– O senhor deu os R$ 170 mil a Aref? – foi a primeira pergunta que lhe fizeram.

– Não. Primeiramente, porque não tinha esse dinheiro. Em segundo lugar, porque sei que a situação de regularização de imóveis em São Paulo é complicada. Pagar não é garantia de que vai sair a aprovação. Estava tudo na mão dos elementos citados.

Maroni entregou ao Ministério Público Estadual uma gravação, na qual uma pessoa não identificada dizia para ele que só não foram fechadas em São Paulo as casas noturnas que pagaram propina. Conforme a mídia divulgou na época, em março de 2009 o ex-secretário de Habitação, Orlando Almeida, então já à frente da Secretaria de Controle Urbano (Contru), teria liberado obra embargada do Café Photo, na Vila Olímpia, zona sul de São Paulo, depois de embolsar R$ 500 mil. Almeida negou a acusação.

Quando o advogado de Maroni conseguiu cassar um processo que mantinha o Bahamas fechado e afirmou que levaria documentos ao Ministério Público Estadual para provar o envolvimento de Almeida com corrupção, em maio de 2012, Almeida perdeu a linha. Nervoso, ele disse que iria "quebrar a cara" do empresário, porque "se for processar por calúnia não vai dar em nada".

No dia seguinte, Almeida foi ao prédio do Ministério Público, na Rua Riachuelo, centro de São Paulo. Queria encontrar Maroni na repartição. Ao abrir subitamente a porta de seu carro, acabou derrubando um motoboy que por ali passava.

– Olha só! Por causa de um cafetão sem família, imoral, acabei machucando uma pessoa inocente, um trabalhador – bradou Almeida, alterado.

Na recepção do prédio, perguntou se alguém havia visto Maroni. Subiu às pressas até o sétimo andar, onde supunha que o empresário estivesse entregando os documentos que o incriminariam.

– Desculpe, o senhor marcou horário para alguma audiência? – perguntou um oficial.

Almeida simplesmente mostrou seu crachá de secretário do Controle Urbano.

Maroni não estava no prédio. Tão logo soube do ocorrido, ligou para seu advogado criminalista e perguntou como deveria proceder. Foi orientado a registrar uma ocorrência policial, alegando intimidação física e moral, além de tentativa de agressão.

Ele não só fez isso como telefonou para diversos jornalistas dizendo que estava à disposição de Almeida e gostaria de receber uma autorização da prefeitura para instalar um ringue de boxe no Viaduto do Chá, em frente ao prédio da prefeitura. Maroni ironizava.

Dizia que se era para ter briga, que fosse um embate sob regras e normas – e tudo organizado por um juiz especializado.

O prefeito Kassab entrou, com bom humor, na troca de farpas:

– Estão sendo confeccionados ingressos para que a gente possa ter a grande luta do ano. Não tenho dúvida de que o Almeida vai levar a melhor.

Kassab se dizia "bastante tranquilo" com relação às denúncias, qualificando como "sem moral" as empresas que estavam levantando suspeitas contra colaboradores de sua gestão.

Nem ringue foi montado, nem luta aconteceu.

## Cerco e perseguição

O contexto não ajudava em nada o empresário. Além de todo o foco atraído para sua casa noturna após a tragédia aérea, naquele mesmo ano de 2007 uma confusão com dois homens – pai e filho – que brigaram com a gerente do Bahamas terminou na delegacia. Ali, os clientes da boate frisaram que o empreendimento era uma casa de prostituição de luxo, com programas de altos valores.

A TV Bandeirantes exibiu uma reportagem em julho daquele ano sobre os bastidores da boate.

– Bahamas Club é uma casa de prostituição de luxo? – perguntou o jornalista Roberto Cabrini.

– Sim, acontece também a prostituição de luxo no Bahamas – respondeu o sempre sincero Oscar Maroni.

Em funcionamento havia 27 anos, o Bahamas vivia um momento áureo. Recebia uma média de 200 clientes e 150 garotas de programa por noite. Na época, cobrava R$ 135 de entrada para homens e R$ 35 para mulheres.

Após a veiculação da matéria, o empresário chegou a reclamar que as suas palavras, na edição, foram tiradas de contexto. A reportagem acabou justificando a interdição do Bahamas, assim como já havia acontecido dias antes com as obras do Oscar's Hotel. O então subprefeito da Vila Mariana, Fábio Lepique, foi pessoalmente lacrar o estabelecimento, acompanhado de funcionários da prefeitura. O cerco começava a se fechar para o magnata do sexo.

Esses episódios eram as armas que faltavam para o promotor José Carlos Blat, do Ministério Público Estadual, apresentar a denúncia que culminaria no pedido de prisão preventiva. Maroni foi acusado de formação de quadrilha, exploração de prostíbulo, favorecimento à prostituição e tráfico de mulheres.

Três semanas após a queda do avião da TAM, Maroni teve a prisão preventiva decretada, na noite de 6 de agosto de 2007. O ato foi formalizado pelo juiz da 5ª Vara Criminal de São Paulo, Edison Aparecido Brandão.

A Polícia Civil não o encontrou em casa. Fez plantão nos arredores, sem sucesso. Maroni decidiu se tornar um foragido.

## A vida na encruzilhada

Quando sua prisão foi decretada, Oscar Maroni já vivia um relacionamento sério com a publicitária Márcia Medeiros. Naquela noite, o empresário estava com ela em seu flat em Moema, na zona sul de São Paulo.

O telefone tocava insistentemente. Depois de muito resistir, Maroni resolveu atender. Do outro lado da linha, era um de seus advogados, José Thales Solon de Mello.

– Sai daí agora que acabaram de pedir sua prisão! – ele estava desesperado.

Maroni se levantou, vestiu as roupas rapidamente e chamou Márcia:

– Vamos, vamos, vamos!

Ela, ainda meio sonolenta, não entendeu nada. O empresário tentou resumir com uma palavra:

– Fodeu!

Fizeram uma mala às pressas e resolveram descer pela escada, porque de elevador demoraria mais. Eram 21 andares. Com um gorro na cabeça – "minha careca é meu RG", costuma dizer –, Maroni começou a dirigir alucinadamente seu Jaguar, sem rumo definido. Márcia tentava acalmá-lo, segurando sua mão.

Um jornalista da revista *Veja São Paulo* lhe telefonou. Maroni pensou que seria oportuno dar uma entrevista exclusiva. Mas não poderia ser em São Paulo. Combinaram o encontro em um posto na beira da Rodovia dos Imigrantes, que liga a capital paulista ao litoral. A conversa não foi ali, mas sim a bordo de seu Jaguar; trafegando sem rumo pela estrada, o empresário respondia ao repórter enquanto concentrava-se ao volante. Naquele momento, Maroni não pretendia se entregar.

Mais tarde, ele e Márcia decidiram ir para Bertioga, litoral sul paulista. Refugiaram-se em um tranquilo hotel na discreta praia de Guaratuba. Era o ambiente perfeito para Maroni colocar suas ideias no lugar e se preparar para o que estava por vir.

Naquela mesma semana, ele soube que o Tribunal de Justiça de São Paulo acabou liberando a continuidade das obras de seu hotel. De acordo com o entendimento do juiz, o empreendimento não poderia ter sido interditado, já que era beneficiado pela Lei Municipal de Anistia – que garante a continuidade de construções em andamento, desde que alguns requisitos sejam cumpridos, mesmo em caso de irregularidade.

Durante os três dias e três noites que passaram em Bertioga, a reclusão foi total. Com medo de serem reconhecidos, Maroni e Márcia não saíram do quarto de hotel. O sexo e as longas conversas se revezaram. O momento difícil fortaleceu a união do casal.

Resolveram voltar para São Paulo. Entretanto, não poderiam retomar a vida normal. Aproveitando que a mãe de Márcia estava viajando, foram direto para a casa dela – a ideia era passarem um período escondidos ali.

Maroni recebeu um convite para dar mais uma entrevista, agora para a revista *RG Vogue*. Márcia foi dirigindo. No caminho, eles pararam em um local proibido para comprar um lanche. Enquanto a namorada desceu para buscar a comida, o empresário ficou sozinho no carro. Olhos atentos ao retrovisor, avistou uma dupla de policiais militares vindo em sua direção.

Desesperado e com medo, imaginou que seria preso. Os policiais chegaram até o carro e bateram na janela. Maroni pensou rápido e esboçou uma reação inusitada: começou a babar e a passar a mão no rosto, como se tivesse algum tipo de deficiência mental. Nesse momento, Márcia já estava retornando ao carro. Pediu desculpas aos policiais e afirmou que já estava saindo. E que o homem em questão era seu irmão e tinha problemas mentais. Um tanto constrangidos, os PMs desejam um bom dia e vão embora.

Maroni desceu do carro para entrar na sede da revista com um boné preto na cabeça. Colheu uma flor de um canteiro da calçada e colocou na orelha. Foi saltitando até a recepção. Apesar dos pesares, estava feliz. Ou, ao menos, buscava estar.

Foi mais uma entrevista em que Maroni atirou para todos os lados, principalmente contra o prefeito Gilberto Kassab. Disse novamente que estava sendo vítima de um esquema eleitoreiro e que tinha se tornado o bode expiatório por conta da tragédia aérea.

No dia 14 de agosto, oito dias após ter sua prisão decretada, Maroni estava cansado da vida de foragido. Decidiu que era hora de voltar, tentar retomar a rotina de algum modo. Saíram da casa da mãe de Márcia e foram para o flat em Moema.

Por volta de 1 hora da manhã o interfone tocou:

– Seu Maroni, chegou sua pizza – informou o porteiro.

Ele não havia pedido nada. Sabia que só podia ser alguma armadilha da polícia. Levantou-se, espiou pelo olho mágico e viu um homem com uma câmera. Ao tentar sair pela outra porta, foi surpreendido por dois policiais ao lado da escada de serviço do edifício.

Maroni foi algemado e levado para o saguão do prédio. Na mesma hora, chegaram os agentes do Grupo de Operações Especiais (GOE) da Polícia Civil de São Paulo. À frente, um policial chamado Toninho.

– Olha, a missão agora é minha – dava ordens, enérgico. – Tirem as algemas do homem e podem ir.

Toninho se virou para Maroni e perguntou se antes de irem ele gostaria de tomar um banho e pegar algumas roupas. A próxima parada seria a realização de exames de corpo de delito, no 96º Distrito Policial, no bairro do Brooklin, zona sul de São Paulo. Foram três horas de depoimento. Em seguida, Maroni seria levado ao 13º DP, no bairro da Casa Verde, zona norte da capital.

Em paralelo, os advogados do empresário entraram com pedido de *habeas corpus*. Para a defesa, o cliente era vítima de martírio. Eles partiam do raciocínio de que tudo aquilo havia se originado com o acidente da TAM – a interrupção compulsória das obras do Oscar's Hotel, a interdição do Bahamas, o pedido de prisão.

O pedido de liberdade ainda argumentava que Maroni jamais havia desrespeitado uma ordem judicial. E que, anteriormente, ele tinha sido absolvido de todas as acusações que tinha recebido.

Nada feito. Maroni passaria mais uma temporada atrás das grades.

## Para superar as grades

Faxina, na gíria dos detentos, é o mais velho e respeitado preso da cadeia. No 13º DP, foi ele quem deu as boas-vindas para Oscar Maroni. O sujeito já sabia do passado do empresário – fora e dentro das celas, inclusive. Tinha a informação de que, nas passagens anteriores, Maroni havia sido um detento prestativo, "parça". Apenas recomendou que ele ficasse fora de eventuais confusões:

– Gosto muito de você, ô Doutor Bahamas. Você não se cala perante as injustiças. É uma espécie de voz. E estando aqui como um igual, nos dá uma certa esperança de sermos vistos e ouvidos pela sociedade do lado de fora – disse o Faxina.

Veio a noite e, com ela, o sentimento de pavor em Maroni. O mesmo que ele já havia sentido nas outras passagens pela cadeia. Com o silêncio, as tossidas e roncos das celas vizinhas ecoavam pelo espaço. E o tilintar de cadeados no ferro das grades – esses ruídos gelavam seu espírito.

Acostumado a uma vida sexual intensa, Maroni sabia que na prisão o ritmo seria bem diferente. Restava-lhe a masturbação. Na primeira noite ele já precisou recorrer ao expediente. Sem ter onde se limpar, usou o lençol. Contudo, aquilo o deixou meio incomodado. No dia seguinte, encontrou-se com o Faxina.

– Como vocês se masturbam aqui? Nem tem onde limpar... – comentou.

– Aqui a gente faz a punheta da meia, Doutor Bahamas. Você coloca a meia no pau, faz o que tem de fazer e deixa ela no pé da cama. No dia seguinte, lava no tanque – explicou o experiente encarcerado.

Para se aliviar, Maroni repetiu um hábito desenvolvido em sua prisão ocorrida em 1998: o sexo por telefone com diversas mulheres. Para tanto, utilizava um celular que circulava pelas celas, de uso coletivo. A linha era bancada por uma vaquinha entre os detentos. Geralmente, os recém-ingressados no sistema contribuíam com mais.

A cela era minúscula, com três beliches. Quando chegava um preso novo e não havia espaço nas camas, cabia ao novato dormir no chão. Ou na praia, como eles chamavam. Aí tinha de esperar por uma vaga melhor, torcer para algum rearranjo ou, quem sabe, para que um preso "de cima" terminasse de cumprir a pena.

Maroni dividiu a cela com estelionatários. Traficantes ficavam em outro recinto, no fim do corredor. Dentro da cadeia, eles eram chamados de "esquadrilha da fumaça". Era com eles que o empresário conseguia maconha, droga que consumiu diversas vezes na carceragem.

Apesar do cenário um tanto asqueroso, havia espaço para amizades. Homero foi o primeiro companheiro de cela que veio conversar com Maroni. Ele estava preso por venda de crack. Assim como todos os detidos ali, tinha curso superior – era formado em enfermagem.

Gay assumido, logo revelou estar apaixonado por Maroni – que, imediatamente, fez questão de frisar que aquela não era a sua. Ao contrário do que poderia acontecer, Homero levou o fora com senso de humor. A empatia foi instantânea. Maroni acabou contratando o homem como seu mordomo e sua secretária dentro da cadeia. O empresário combinou um salário com ele – R$ 100 por semana. Em troca, Homero lavava sua louça, sua roupa... E até fazia seu jantar.

Já que a comida da cadeia era muito ruim, os presos improvisavam. Com velhos fios elétricos, criavam uma resistência que, ligada na tomada, servia para aquecer panelas. Demorava uma eternidade, mas a refeição ficava melhor do que a gororoba servida diariamente. Houve uma vez em que Maroni arrumou bacalhau – e fizeram assim a bacalhoada, em um processo que levou longas horas. Valeu a pena: todos comeram com vontade, salivando e desfrutando cada garfada.

O dia a dia estava começando a se organizar na prisão, quando, em 21 de agosto, Maroni foi chamado para conversar com seu advogado. Ele trazia más notícias: o juiz Edison Aparecido Brandão havia acabado de pedir o fechamento do Oscar's Hotel. Revoltado, Maroni retornou à cela segurando as grades.

"Injustiça, injustiça! Kassab, eu te encontro na outra vida!", gritava.

Mas a novela do hotel não terminaria aí. A cada dois ou três dias havia uma vitória da defesa de Maroni, novamente liberando as obras, ou outra derrota – uma liminar, uma negativa, um pedido judicial –, lacrando o imóvel. A última decisão, depois de tanto vaivém, é a de 28 de agosto de 2007: o Tribunal de Justiça de São Paulo negou o benefício da anistia ao hotel, entendendo que o edifício oferece risco à segurança dos voos que passam próximo ao local.

Até 2016, quando este livro estava sendo finalizado, o hotel permanecia embargado. Maroni conseguiu, entretanto, barrar judicialmente a demolição do prédio.

## Revolta na cadeia

Foram 53 dias de prisão. Cinquenta e três dias em que Oscar Maroni teve de se submeter novamente às rígidas regras da cadeia. Uma delas: o preso só pode determinar o nome de uma pessoa para suas visitas íntimas.

Somente uma pessoa para alguém como Maroni parecia piada de mau gosto. De qualquer forma, comprometido oficialmente com a publicitária Márcia, resolveu que o mais correto seria escalá-la para o reservado momento.

Ele já estava ansioso naquele seu primeiro sábado de visita. Enquanto praticava corrida no pátio, entretanto, surpreendeu-se com a voz de Vivian, sua ex.

"Oscar, Oscar, estou aqui para te ver, querido!", e ela balançava uma caixa de Ferrero Rocher, seu chocolate favorito.

Mas Vivian não entrou. Márcia chegou em cima da hora e fez valer sua prerrogativa de namorada oficial. Chorosa, a ex ficou reclamando do lado de fora. Sofreu assédio de alguns presos, que ficaram se oferecendo para ela. Foi embora bufando, revoltada.

Contudo, se era preciso cumprir as regras impostas pela vida na cadeia, também havia a necessidade de fazer valer a sua lei ali dentro – lei da selva, afinal, é aquela que começa a valer à força quando aplicada. E Maroni estava diante de um problema: precisava conversar urgentemente com seu advogado, mas o chip do celular de uso coletivo havia sido roubado por um preso – que, dado o seu perfil, iria trocar o material por drogas.

O celular era a alma para os presos, a ponte com o mundo exterior. O aparelhinho tinha acabado de sobreviver a uma revista minuciosa da polícia e agora estava ali, inoperante, porque um viciado em drogas simplesmente sumiu com o chip. O empresário pediu autorização para o Faxina: queria dar uma lição naquele que era o principal suspeito do furto.

"Doutor Bahamas, aí temos um problema. Se você bater nele, nós vamos perder muitas regalias aqui dentro. Assim você ferra você mesmo e leva o grupo junto. Precisamos pensar em outra solução para esse problema", alertou o líder.

Faxina sugeriu que ele se entendesse com o ladrão em alguma situação na qual não pudesse ser flagrado pelas câmeras da cadeia. Também era preciso tomar cuidado com carcereiros ou policiais. Ninguém poderia ver essa abordagem.

Foi uma noite insone pensando na melhor tática. No dia seguinte, Maroni levantou-se inspirado. No refeitório, na hora do café da manhã, sentou-se em frente ao acusado. Por baixo da mesa, de forma que ninguém pudesse ver, colocou a mão no joelho do sujeito. Usando técnicas aprendidas nos treinos exaustivos na época de ShowFight, além dos conhecimentos adquiridos em oito anos de jiu-jítsu, Maroni começou a torcer a sua rótula:

– Fala onde está o chip ou eu vou quebrar a sua perna – disse o empresário, calmamente.

– Tá, eu conto – o preso não suportava mais aquela dor.

Com o chip recuperado, Maroni ganhou respeito entre seus colegas de prisão.

Se por um lado Maroni estava cada vez mais ambientado àquela convivência forçada, por outro havia dias que custavam a passar. Os domingos, por exemplo. Eram os dias mais difíceis, porque não eram permitidas visitas nem de advogados. Por isso, os domingos eram lentos. Entediantes.

Aos poucos, após semanas enjaulado, Maroni começou a se tornar agressivo. Em um desses dias, muito deprimido durante o banho de sol, foi corroído por um sentimento de amargura. Precisava descarregá-lo em algo ou em alguém.

Olhou para o pátio como quem caça uma vítima. Mirou seu olhar para um padre que era acusado de pedofilia. O religioso jogava baralho e ria com outros presidiários. Sentiu asco. Levantou-se, pediu a Homero que o esperasse na cela e seguiu com o olhar no padre. Foi em sua direção.

Parou em frente ao sacerdote. Apertou seu pescoço, forçando-o a se levantar. Arrastou-o até a cela. Colocou-o sentado sobre o beliche, iniciando uma sessão de tortura. O padre estava com as pernas bambas, ficou de pé e acabou urinando.

– Agora você vai chupar o Homero e eu vou comer o seu cu – explicou Maroni, repetindo com ferocidade. O padre chorava, pedindo perdão.

Homero tentava acalmá-lo. Após lembrar ao padre que se fizesse uma besteira passaria mais tempo atrás das grades, Maroni, ainda se recuperando da revolta e da perda da razão, acabou arremessando o religioso para fora de sua cela. Nunca compreendeu de onde viera esse instinto tão agressivo.

Em consideração e gratidão ao trabalho de Homero, Maroni o empregou como segurança quando ambos foram soltos.

Mas é claro que a passagem do empresário pela cadeia não deixaria de render inserções midiáticas. No dia 5 de setembro, o respeitado *The Wall Street Journal* estampou a foto de Maroni em sua primeira página, sob o título: "Sexo e segurança aérea se misturam na política brasileira". A reportagem, assinada por Matt Moffet, descreveu o brasileiro como "um pugilista amador com a cabeça raspada". O texto citava um dos argumentos do próprio Maroni: outras 200 obras na região de Congonhas, tão obstáculos para o tráfego aéreo quanto o Oscar's Hotel.

No dia 22 de setembro, ainda detido no DP da Casa Verde, Maroni concedeu entrevista para a revista *Carta Capital* – ao seu lado, a companheira Márcia. Teatral como sempre, o empresário fez questão de posar para as fotos com a barba feita apenas em metade do rosto. Quando se recorda disso, costuma dizer que um lado representava o ex-presidente Fernando Henrique Cardoso, o outro seu sucessor Luiz Inácio Lula da Silva.

– Você quer ver o bandido ou o empresário? – perguntava ele, exibindo ora um lado, ora o outro. – Sinto-me como um garanhão aprisionado.

A reportagem da *Carta Capital*, assinada por Eliane Scardovelli e Rodrigo Martins, ressaltava uma característica interessante desse momento: Maroni havia transformado sua cela numa verdadeira extensão de seu escritório. Dali, preso, ele organizava toda a crise que seus negócios vinham atravessando. Se não podia manter sua rotina em liberdade, a levou para dentro das celas no 13º DP.

Em 6 de outubro, depois de toda a repercussão do caso e da forte atuação do seu advogado, Solon de Mello, Maroni conseguiu o sonhado *habeas corpus*. Assim, passaria a responder em liberdade pelos processos. Contudo, a felicidade não era completa: Bahamas e Oscar's Hotel seguiam fechados. "Existe uma esfera penal e outra administrativa. O embargo das obras e do bar não tem a ver diretamente com a prisão dele", explicou, na época, o advogado.

Ele deixou a carceragem no início da noite. Estava na companhia do cunhado e de um assessor de imprensa. Midiático como sempre, vestia uma camiseta com os dizeres "Free Oscar" e, a bordo de sua Mercedes-Benz, abriu o teto solar ao som de "Pra não dizer que não falei das flores", clássica música de protesto composta por Geraldo Vandré. Foi direto ao Bahamas e deu de cara com a porta fechada. Então acabou indo para uma churrascaria. Entrou no restaurante e, reconhecido, foi aplaudido por funcionários e clientes.

Da acusação de manter uma casa de prostituição, Maroni foi absolvido pelo Tribunal de Justiça no fim de 2008. No entanto, ele continuou respondendo a outros processos judiciais. Seus empreendimentos seguiram lacrados.

## O consolo poderia vir das urnas

Três dias após o *habeas corpus*, em 9 de outubro de 2007, Oscar Maroni compareceu ao tradicional Bar Brahma, na esquina das avenidas Ipiranga e São João, no centro de São Paulo. Não era uma noite qualquer, mas sim uma festa político-partidária. Ali, ao lado de outro também ex-presidiário, o político Vicente Viscome, ele se filiaria ao Partido Trabalhista do Brasil, o PT do B – chapa que teria Ciro Moura como candidato à prefeitura.

Seu plano, naquele momento, era oficializar o papel de antítese de Gilberto Kassab: Maroni anunciava sua pré-candidatura à prefeitura de São Paulo. Centro das atenções no bar, o empresário fez questão de enumerar toda a cronologia de suas paixões políticas.

"Minha formação é comunista. Depois, virei malufista", disse, usando o consagrado termo que rotula aqueles que admiram o político Paulo Salim Maluf, ex-governador e ex-prefeito de São Paulo, depois deputado federal pelo Partido Progressista (PP).

O empresário também revelou nutrir simpatia pela trajetória do polêmico estilista, ator e apresentador de televisão Clodovil Hernandes, que havia sido o terceiro deputado federal mais bem votado do país na eleição de 2006, eleito pelo Partido Trabalhista Cristão (PTC). Hernandes morreria em 2009, vítima de um acidente vascular cerebral.

"Eu o admiro pela arrogância, por ser um homem que não ficou dentro do armário", afirmou Maroni, em alusão à homossexualidade de Hernandes. "Um homem que tem até um pouco da minha forma de ser."

O flerte de Maroni com a política vinha desde muito antes. O espalhafatoso candidato ao grêmio da faculdade, que queria desfilar montado em um elefante nas dependências da instituição, se transformou em um empresário que não se cansava de criticar os governantes e os problemas brasileiros.

No fim dos anos 1990, ele começou a utilizar um expediente publicitário para chamar a atenção para as causas que defendia: imensos *outdoors*, instalados em um terreno de sua propriedade, ao lado do Bahamas.

Em uma dessas campanhas, a gigantesca placa trazia a frase: "Eu, Oscar Maroni, RG 4.688.247, não acredito no político brasileiro. Se você concorda, buzine".

"Ficou um inferno. Todo mundo passava buzinando...", recorda-se.

Ele também utilizou o espaço para estampar frases de protesto contra os problemas de segurança pública – "Criminalidade: cuidado, você poderá ser o próximo. Reaja!" – e de apoio ao então presidente Luiz Inácio Lula da Silva, do PT – "Presidente Lula, não deixe as putas velhas do Planalto contaminarem seus ideais políticos". Na época, 2003, início do primeiro mandato do petista, Maroni dizia "acreditar nele".

Mas a sonhada candidatura de Maroni ao comando do Executivo paulistano não vingou. Na realidade, ele acabou disputando uma cadeira na Câmara dos Vereadores, na campanha de 2008.

Material de campanha de Maroni a vereador por São Paulo.

Como era de se esperar, ele foi o *showman* do período eleitoral. Seu *jingle* o definia como "o empresário do amor". Sob o *slogan* "Chega de hipocrisia!", ele aparecia quase sempre ao lado de beldades de biquíni, mulheres que caminhavam ao seu lado no corpo a corpo com o eleitorado. Elas distribuíam duas versões dos tradicionais pequenos panfletos de publicidade da candidatura, os populares santinhos. No caso de Maroni, havia o santinho, com uma foto dele bem-comportado; e o diabinho, em que seu retrato estava acompanhado de um par de longas pernas femininas, nas quais seu número eleitoral, 70.111, aparecia grafado.

Ao longo dos meses de campanha, ele passou a circular pela cidade a bordo de uma picape de rodas gigantes, modelo americano conhecido como *bigfoot*. Só para chamar a atenção.

No discurso, Maroni afirmava que, se eleito, iria transformar São Paulo em uma "Las Vegas da América do Sul". Ele defendia o "sexo livre", pretendia legalizar "cassinos em hotéis de luxo" e fomentar o "entretenimento adulto". E prometia que, depois dos quatro anos na vereança, seria candidato a prefeito em 2012 – o que acabaria não ocorrendo.

"Não vou ser vereador para dar nome a praça. O salário é dinheiro de pinga para mim. Estarei lá para dar dignidade à cidade", afirmava.

Seu patrimônio declarado ao Tribunal Regional Eleitoral (TRE) foi de R$ 76 milhões em bens. Ao menos de acordo com os dados oficiais, ele era o mais rico entre todos os 788 candidatos à Câmara – seu patrimônio superava também o dos que disputavam a prefeitura.

"Tem quem fala a verdade e aqueles que não declaram. Eu declarei tudo", alardeava.

O partido de Maroni, um nanico na campanha, integrava a coligação batizada de Tostão contra o Milhão – justamente por adotar um discurso de que contava com pouco orçamento para a disputa eleitoral. O empresário endossou o argumento, aliás. Chegou a pendurar no pescoço nomes e logotipos de marcas de produtos famosos, em um chamativo protesto contra o marketing das campanhas.

"Aquele que tem mais dinheiro e a melhor agência de publicidade leva o produto", dizia, revoltado. "Minha campanha é pobre. Com tudo o que tenho, só gastei R$ 15 mil."

Nas urnas, entretanto, a irreverência não se traduziu em votos. Maroni teve a preferência de apenas 5.804 eleitores paulistanos.

## A pior fase da vida

O revés eleitoral não foi o único dissabor do empresário naquele período que se seguiu à cadeia. Na avaliação do próprio Oscar Maroni, a época foi a pior fase de sua vida. Ele recebeu uma enxurrada de 44 ações trabalhistas, e teve de se virar como podia para negociar e pagar tudo aquilo. Eram seus ex-empregados, afastados por causa do fechamento do Bahamas e descontentes com todo aquele cenário negativo.

A fazenda Santa Cecília passou a ser sua única fonte de renda. As contas não fechavam mais. Com a manutenção do seu alto padrão de vida, o patrimônio ia diminuindo a cada dia.

Todo esse cenário deixou Maroni deprimido. Ele não queria mais sair de seu quarto. Era uísque, o tilintar das pedras de gelo no copo e, no máximo, a companhia de sua cachorrinha, a *poodle* Docinho. Dias depois, veio a vontade de se matar – em sua cabeça, era uma ideia concreta, cada vez mais palpável e próxima.

Olhava-se no espelho e via seus olhos fundos, sua magreza se acentuando. Fisicamente, ele estava se deteriorando. Daí pensava que não queria simplesmente se matar – teatral como sempre, queria fazer de sua morte uma grande comoção social. Não lhe bastaria se tornar apenas um número das estatísticas dos suicidas, queria causar polêmica.

Sua primeira ideia: daria um tiro na cabeça no saguão do prédio onde morava o prefeito Gilberto Kassab, no Jardim Paulistano, zona oeste de São Paulo. Em seguida, veio a autocorreção: mais midiático ainda seria um tiro suicida no hall de entrada da prefeitura de São Paulo, no edifício Matarazzo, centro da cidade.

Seus quatro filhos, sua ex-mulher, Marisa, sua atual companheira, Márcia, todos estavam preocupados com aquela situação. Convocaram um psicólogo para ajudá-lo a sair daquele estado. O atendimento era em sua própria casa – foi a única maneira de convencê-lo a se tratar. Abatido, ele nem sequer punha os pés para fora do quarto. Foram várias longas conversas com o terapeuta, até que Maroni recuperou a confiança na vida.

"Por que em vez de se matar você não se dedica a fazer justiça?", provocava o psicólogo.

Foi o estopim que faltava. Quando acabou aquela consulta, Maroni saiu do quarto, fez a barba e, pela primeira vez, desceu. Saiu do prédio e foi até a padaria tomar um café. Iniciava ali um processo de renovação. Iria até as últimas consequências para conseguir reabrir o Bahamas e, enfim, inaugurar o Oscar's Hotel.

O primeiro capítulo dessa saga seria escrito em 30 de junho de 2009. Maroni havia sido convocado para prestar depoimento no Tribunal de Justiça. Ele se arrumava, quando seu celular tocou. Era Vivian, sua ex-namorada, tensa:

– E aí, onde você está? – disse ela.

– Não interessa. O que você quer?

Sem resposta do outro lado da linha, desligou o celular. Em seguida, estava na 5ª Vara Criminal do Fórum da Barra Funda, na zona oeste de São Paulo, ao lado de seu advogado, Solon de Mello. Ali, Maroni respondia à acusação de manter uma casa que explorava a prostituição.

– O senhor conhece a senhora Vivian? – perguntou o juiz, surpreendendo-o. – Já teve relações com ela?

Ainda atônito, Maroni respondeu que sim, a conhecia, e sim, haviam tido um relacionamento. Então mandaram que o empresário saísse do recinto. Ele esperou por cerca de meia hora e, quando chamado para retornar, deu de cara com Vivian. A ex-namorada integrava o rol das testemunhas. Do banco dos réus, o juiz novamente inquiriu Maroni:

– Você ajuda as mulheres a se prostituírem?

Maroni negou.

Naquele momento, o magistrado pediu ao empresário que ouvisse o áudio que Vivian havia levado. A gravação era de uma conversa dele com uma ex-garota do Bahamas, chamada Cris. Ela havia telefonado para ele. Estava desesperada. Dizia que, com a casa de portas fechadas, não tinha onde trabalhar. Prestativo, o empresário começou a indicar para a moça grandes hotéis paulistanos que possuíam um sistema conhecido como "ficha rosa", ou seja, um verdadeiro catálogo de prostitutas de luxo para serem oferecidas a clientes interessados.

– Dá para ganhar dois, até três paus limpinhos por noite – dizia Maroni. – Eu não tenho participação nenhuma nisso, mas conheço, sabe que eu fiquei conhecendo umas pessoas.

No fim da gravação, aparecia a voz de Vivian. Ela pegava o telefone e gritava:

– Vou te entregar agora mesmo, palhaço!

Encerrada essa exibição, o juiz simplesmente decretou:

– Algemem Maroni.

Ele saiu do fórum escoltado por dois policiais, um de cada lado.

Essa passagem pela prisão seria curta. Foram apenas oito dias detido. Já calejado pelo sistema prisional, o empresário tiraria de letra mais essa experiência atrás das grades. Dessa vez havia sido preso no 40º Distrito Policial, na Vila Santa Maria, zona norte de São Paulo – também uma carceragem reservada a quem tem curso superior.

Sua liberação, em 7 de julho, foi justificada pelo desembargador Euvaldo Chaib:

– Induvidoso que há aparente inimizade entre a testemunha e o paciente, de sorte que os motivos tidos como novos e trazidos à tona para custódia hão de ser analisados com maior cautela – afirmou. – O impetrante, para derruir os precitados pressupostos da preventiva invocados, sustenta que inexiste sequer a certeza de que a voz é, de fato, do paciente.

Dias depois, Maroni receberia uma ligação de Vivian. Ela dizia que precisava conversar com ele, principalmente porque estava sofrendo muita pressão por parte da imprensa. O empresário imaginou que a ex-namorada fosse lhe pedir desculpas ou algo do tipo. Foi até seu prédio, na zona sul de São Paulo.

Era uma armadilha, entretanto. Nem bem entrou no saguão do prédio, foi abordado por policiais à paisana. A modelo e garota de programa dizia que havia sido ameaçada pelo ex-namorado:

– Ele tentou invadir meu prédio e eu fui obrigada a chamar a polícia.

Maroni novamente foi conduzido ao 40º DP. Mofou atrás das grades por mais seis dias, até conseguir a liberação, dessa vez expedida pela juíza Maria Fernanda Belli, do Departamento de Inquéritos Policiais e Polícia Judiciária. Na época, o próprio delegado Silvio Balangio Júnior, do 96º DP, saiu em defesa do empresário:

– Ele tentou ir à casa dela ontem, mas ela remarcou para hoje porque queria tempo para avisar o Ministério Público – afirmou ele.

Tudo indicava, portanto, que Maroni havia sido vítima de uma armação. Vivian, talvez, só queria se vingar por ter sido trocada por outra.

O empresário seguiu respondendo aos processos em liberdade. Com as situações de Bahamas e Oscar's Hotel comprometidas, o homem que havia se acostumado às regalias e aos prazeres mundanos tinha de sobreviver praticamente falido.

Veio novo revés. A 5ª Vara Criminal de São Paulo o condenou a 11 anos e oito meses de detenção pelos crimes de favorecimento à prostituição e manutenção de local destinado a encontros libidinosos – Maroni conseguiu recorrer em liberdade.

"Durante décadas, Oscar Maroni Filho fez da exploração da prostituição alheia a fonte de sua fortuna, transformando-a em negócio que gerava R$ 1 milhão por mês", dizia o texto da condenação.

O documento refazia todo o histórico do magnata do sexo. Citava o início, "com uma casa de massagem", a expansão – "logo teve várias delas" – e a construção do Bahamas, definido como "prostíbulo-balneário".

"Proprietário de quase uma quadra de região nobre da capital, onde erigiu um prédio de 11 andares com ligação subterrânea para as instalações de seu prostíbulo", prosseguia o texto. "E tudo isso foi feito com enorme desfaçatez, comparável talvez apenas à sua vaidade. Tornou seu lupanar uma casa de fama nacional, divulgando-a até mesmo em programas televisivos e reportagens na mídia falada e impressa."

"Estou entrando com recurso em segunda instância. Em 20 anos, já fui processado na Justiça por seis vezes e esta é a terceira vez que recorro de uma condenação. Sempre fui inocentado", dizia um confiante Maroni.

Ele continuou respondendo a todos os processos em liberdade até 9 de abril de 2013, quando acabou absolvido das acusações. A decisão foi proferida pela 4ª Vara Criminal do Tribunal de Justiça de São Paulo.

No entendimento da maioria dos desembargadores, não existia um grau de hierarquia entre o empresário e suas garotas. E isso foi comprovado a partir de depoimentos das próprias frequentadoras do Bahamas. Além disso, todas elas já eram maiores de idade na época e afirmaram que tinham exercido a prostituição antes de passarem pelo balneário de Maroni.

"Estou com a alma lavada hoje", comemorava ele, na data em que foi plenamente considerado inocente. "Fui absolvido pelo lado saudável da Justiça."

"Em suma, para tipificação da conduta ilícita, é imperioso que as prostitutas residam no local e, paralelamente, que ele se destine à prostituição. E, com a devida vênia, mais uma vez, tais fatos não ocorreram na hipótese vertente", afirmou em voto o relator Euvaldo Chaib, que já havia defendido o empresário em 2009.

Chaib prosseguiu dizendo que, entre as "múltiplas atividades exercidas" no Bahamas – restaurante, *american bar*, sauna, bilhar, pista de dança, piscina –, era "possível o encontro sexual mediante pagamento que, ressalte-se, à luz da prova concatenada na espécie, não há lastro de que era repassado à casa noturna".

"As vítimas dão conta na instrução que se sentiram atraídas pela casa Bahamas porque ali, segundo pessoas de suas convivências, era possível sexo consensual pago", completou o jurista. "E, em consequência, inexiste lastro de que o réu Oscar, ou seus funcionários auferiram alguma espécie de lucro com os encontros sexuais voluntariamente entabulados por essas mulheres dentro do Bahamas."

Pela decisão do Tribunal de Justiça, Maroni também se livrava do pagamento de uma multa no valor de R$ 11 milhões. Após cinco anos e oito meses, enfim, ele era inocente. Era a primeira vez nesse período que Maroni voltava para sua casa sem pensar em se jogar pela janela.

## A esperança está no futuro

Insistente, persistente, obstinado. Durante o tempo em que o Bahamas Hotel Club ficou lacrado, Oscar Maroni chegou a ir à subprefeitura da Vila Mariana, responsável pela região, mais de cem vezes. Ele acreditava que com a pressão conseguiria reverter a interdição.

Enquanto isso, fez questão de manter um funcionário: Cícero, seu homem de confiança, o mais antigo da casa, conservou o Bahamas em perfeitas condições para uma possível reabertura. Ele realizava manutenção no prédio pelo menos uma vez por semana.

Cinco meses depois de ser inocentado pelo Tribunal de Justiça de São Paulo, Maroni recebeu a notícia de um funcionário da subprefeitura:

"Saiu a licença do Bahamas!"

O empresário vibrou. Completamente descontrolado, chegou a subir na mesa de um dos guichês da repartição pública. Comemorava radiante; a liberação de seu empreendimento significava o restabelecimento completo de sua rotina. Era setembro de 2013.

Dali ele foi direto para o Bahamas. Mandou chamar de volta os seus funcionários antigos e comandou, ele próprio, uma faxina geral no estabelecimento. Queria que o Bahamas Hotel Club voltasse à ativa como antes: com status, com glamour. Na prefeitura, já sob o comando do petista Fernando Haddad, conseguiu um alvará para que a casa funcionasse como um hotel – que também presta serviços pessoais e de estética, incluindo saunas e banhos.

"Em 2007, disseram que a minha atividade era ilícita. E que o Bahamas seria fechado porque seria uma casa de prostituição de luxo. Então suspenderam a emissão do meu alvará definitivo", recapitulou, na época, um Maroni redivivo. "Minha vida dali virou um caos. Fui preso, fui para a cadeia. Minha vida foi um caos nos últimos sete anos. O que mudou agora foi o prefeito."

Em sua cabeça, o antagonista tinha nome e sobrenome: Gilberto Kassab ou, para Maroni, a Madre Superiora. Ao ex-prefeito ele costuma creditar todos os ônus que lhe aparecem. Até a sua diabetes, que foi diagnosticada durante o período de entreveros com Kassab, ele costuma atribuir aos dissabores vividos com o político. Maroni fazia questão de frisar, portanto, que a liberação de seu negócio acontecia sob nova gestão municipal.

Mas a reabertura não trouxe o sucesso. Pelo menos não de forma automática. Nos primeiros meses, o Bahamas ficou às moscas. Nem de longe lembrava os tempos antigos. Em 2016, quando este livro estava sendo concluído, o empreendimento já estava praticamente recuperado. No ano anterior, pela primeira vez desde que voltara a funcionar, o negócio tornou a faturar na casa dos milhões.

Material publicitário para divulgar a reinauguração do Bahamas.

Se a casa teve seus momentos de baixa, o empresário jamais saiu do foco da mídia. Oscar Maroni é um daqueles sujeitos que têm o dom inato de aparecer, de se destacar, de conquistar espaço. Não é à toa que ele é o rei da polêmica.

Em 2012, deu o que falar em todo o país a história da estudante catarinense Ingrid Migliorini. Sob o nome de Catarina, ela se inscreveu em um programa australiano que procurava virgens que quisessem leiloar a primeira vez – tudo se transformaria em um documentário. Obviamente, ela atendia ao requisito básico, ou seja, nunca havia transado.

Maroni roubou a cena, entretanto. Declarou à imprensa que, dois anos antes, quando a moça tinha apenas 18 anos, ela o havia procurado com proposta semelhante. O empresário teria ido até Balneário Camboriú, cidade vizinha a Itapema, onde ela morava. Reservou o melhor hotel da cidade. Ficou surpreso porque Ingrid tinha sido levada lá pela própria família. Eles o cumprimentaram, se despediram e foram embora.

Segundo Maroni, o casal teve um jantar romântico de frente para o mar, andou de mãos dadas na praia e trocou beijinhos. No quarto do hotel, ela insistiu que queria vender a virgindade: pedia de R$ 100 mil a R$ 150 mil. O empresário caiu na gargalhada.

"Pago R$ 3 mil para fazer sexo anal", disse.

Ela teria topado. Em seguida, preferiu dormir no sofá, "de pijaminha". Maroni recorda-se de que ficou apaixonado ao vê-la, no dia seguinte, sentada ao piano de cauda do restaurante do hotel, dedilhando Bach e Beethoven lindamente. A garota usava um shortinho jeans e uma blusa leve – dava para perceber que estava sem sutiã.

Essa história toda veio à tona quando Maroni leu no jornal a reportagem sobre Catarina e o tal projeto australiano. No fim, sua virgindade foi arrematada – um japonês identificado como Natsu ofereceu US$ 780 mil pelo ato – mas, ao que se sabe, a relação não foi consumada.

Maroni, por outro lado, viraria atração entre as virgens. Depois desse episódio, ele foi procurado por outras três garotas que queriam ser iniciadas por ele. Até a conclusão deste livro, entretanto, nenhuma o havia convencido a abrir a carteira.

Outro terreno fértil para manter suas polêmicas na mídia foi participar de um *reality show*. Maroni integrou a sétima edição do programa *A Fazenda*, da Rede Record. Logo no primeiro dia da atração ele quis causar impacto. Disse que não existiam homens fiéis e que toda mulher tinha seu preço. A modelo Lorena Bueri mordeu a isca: sentiu-se ofendida e comprou briga com o empresário.

O COLECIONADOR DE EMOÇÕES

**ntv** notícias da tv
por Daniel Castro

REALITY SHOW

# Bispos da Universal liberam 'rei do sexo' Oscar Maroni em A Fazenda 7

EDU MORAES/TV RECORD

Oscar Maroni durante participação no programa Roberto Justus+, sobre prostituição, em 2012

DANIEL CASTRO · Publicado em 24/08/2014, às 13h56 · Atualizado em 25/08/2014, às 07h20

O apresentador Britto Jr. não estava blefando quando disse no Programa da Sabrina do último sábado que A Fazenda 7 terá o elenco mais polêmico de todas as edições do reality show. Além da ex-modelo Cristina Mortágua, que tem fama de barraqueira, a Record vai confinar durante 85 dias o empresário Oscar Maroni, dono da boate Bahamas, em São Paulo.

Autointitulado "empresário do prazer", Maroni também se identifica em seu blog como "homem polêmico". "Para alguns, irreverente, para outros, depravado. Para si mesmo, autêntico e que acredita que podemos fazer um mundo melhor", escreveu sobre si mesmo na internet o editor das revistas pornô Penthouse e Hustler.

Para participar do reality show rural da Record, Maroni teve que desistir de se lançar candidato a deputado. Na Record, também houve uma longa e intensa negociação interna. O **Notícias da TV** apurou que a direção da emissora consultou até o bispo Edir Macedo, líder da Igreja Universal.

Teme-se que a presença de Maroni no programa associe sua imagem à da Record e que ele use o programa para revelar "podres" de gente poderosa. Cogitou-se até deixar de exibir o reality show ao vivo no portal de internet da Record, para evitar o "vazamento" de declarações comprometedoras.

Apesar de já ter assinado contrato com a Record, a presença de Maroni em A Fazenda só poderá ser confirmada na última hora. Isso porque há cláusulas contratuais que permitem a emissora possa desistir de determinados participantes e deixá-los numa espécie de reserva.

A presença de Oscar Maroni foi uma decisão que passou até pelo dono da Rede Record, o bispo Edir Macedo, segundo noticiou o portal UOL.

Ele não pararia por aí. Mesmo vivendo um relacionamento sólido com Márcia, propôs, no *reality show*, um namoro durante o programa. A escolhida foi a modelo Bruna Tang, também casada. Ela recusou a proposta, dizendo-se fiel ao marido.

Por outro lado, em *A Fazenda* o empresário também pôde mostrar seu lado bem-humorado e extrovertido. Interagiu bastante com os outros participantes e aproveitou cada festa como se fosse a última.

Quando foi para a disputa, pelo voto popular, para decidir qual seria o primeiro escolhido a deixar o programa, Maroni saiu do banho trajando apenas um roupão cinza. Momentos antes de saber o resultado final, o empresário pediu às meninas que fechassem os olhos porque ele iria mostrar as partes íntimas para todos, já que aquele poderia ser seu último dia no *reality*. Alguns riram, duvidando que ele cumpriria o prometido. Contudo, Maroni abriu o roupão.

Com 40,75% dos votos do público, ele foi o primeiro eliminado daquela edição do programa.

"Foi uma das melhores experiências, uma das mais marcantes da minha vida", declarou na saída.

Por outro lado, essa presença constante na mídia não o ajudou a mudar uma realidade: o Oscar's Hotel, um dos seus maiores projetos de vida, o empreendimento que homenageia seu pai, permanecia lacrado – pelo menos até meados de 2016. Oscar Maroni pai morreu em 2015. Até o fim da vida eles continuavam se dando bem.

A cada dia que fica fechado, o Oscar's Hotel dá um prejuízo de mais de R$ 100 mil ao proprietário, de acordo com seus próprios cálculos. É uma situação que ele espera conseguir mudar. Mira suas esperanças no novo Plano Diretor da cidade, aprovado na gestão do prefeito Fernando Haddad.

A medida prevê que, no miolo dos bairros, a altura dos edifícios deva ser de no máximo oito andares. Mas, nos bairros em que a verticalização atingir mais da metade dos imóveis, não haveria limite para a altura. E, nas áreas próximas aos eixos de transporte público, os edifícios podem ter a altura de até quatro vezes a área do terreno em que forem construídos.

Esse conjunto de regulamentações pode ser um aliado de Maroni. Que, finalmente, espera conseguir inaugurar seu hotel de luxo. Reclamando, cobrando, insistindo, polemizando, o empresário aguarda um veredito – positivo, torce ele. O processo do Oscar's Hotel segue em trâmite.

Todas essas idas e vindas transformaram o empresário que na juventude havia flertado com o comunismo em um inveterado descrente da política e dos políticos. Quando este livro estava sendo finalizado, na segunda metade de 2016, Maroni comemorava o processo que culminou no *impeachment* da presidente Dilma Rousseff.

"Eu não acredito na política, nos políticos, nem nos partidos que estão aí. Ver a Dilma tomar um pé na bunda me dá uma sensação muito gostosa: ela era uma prepotente, incompetente para o cargo."

Para ele, Dilma "é a mais desonesta de todos". Maroni acredita que ela deu aos brasileiros toda a sorte de prejuízos.

"Quantas horas de sono os jovens brasileiros, os empresários, o operariado, o funcionário público perderam? Reduziu-se o consumo de pão, a cervejinha da sexta-feira, o transporte coletivo... Até anestésicos em hospitais estão em falta! A nação se transformou em um caos: da alta criminalidade ao aumento da burocracia."

Maroni também não esconde sua decepção com toda a política partidária. Destila seu ódio a candidatos, todos eles. Para ele, aqueles que ousam disputar uma cadeira no Legislativo são todos "malsucedidos na vida, por isso procuram cargos políticos para conseguir um emprego, uma boquinha, mamar nas tetas do governo". Ele também não se anima mais com nenhum dos que postulam comandar o Executivo.

No fundo, Maroni sonha mesmo com uma espécie de *reset* na política. Verborrágico, defende a eliminação "daquela raça que habita Brasília".

"Eles só querem se beneficiar. São corruptos, desonestos, ex--vereadorzinhos de merda que viraram grandes políticos. Se fossem competentes, teríamos um Brasil melhor. Porque pagamos impostos de Escandinávia, mas temos serviços de África."

E é em meio a esse contexto político que Maroni tem lá seus delírios. Anda pensando em um inusitado projeto para o futuro. Pensa em um dia sair candidato novamente. Dessa vez em um voo mais alto. Cogita disputar a Presidência da República. Contudo, e aí está sua sacada, quer ser o anticandidato, a personificação irônica da crítica ao sistema.

"Estou pensando, analisando os fatos e dando risada em cima disso. Se eu for candidato a presidente, vou fazer uma campanha pedindo para as pessoas não votarem em mim. Porque, se eu for eleito, não vou conseguir fazer merda nenhuma: afinal, o grande barato de ser político no Brasil é roubar, é desviar dinheiro público, é fazer acordos e dar concessões e vantagens para porcos políticos. Eu não acredito em política. Eu não acredito em partidos. Eu não acredito nos políticos."

É ver para crer.

## Desforra

Mas ainda havia contas a serem acertadas, remoía Maroni. Ele seguia insistindo que, em uma de suas prisões, fora vítima de um complô armado pelo promotor José Carlos Blat e a modelo e garota de programa Vivian, sua ex-namorada. Como consequência desse processo, o empresário acabou denunciado em 2012, porque "teria usado de grave ameaça, com o fim de favorecer interesse próprio ou alheio" contra a vítima, Vivian, conforme relata o inquérito criminal então aberto.

– Quantas vezes eu lhe telefonei para dar notícia ruim? – perguntou a Maroni o advogado criminalista Leonardo Pantaleão na manhã de 30 de novembro de 2016.

– Ah, sempre que é para reajustar a prestação – rebateu o ainda sonolento Maroni, deitado na cama, com seu sarcástico humor peculiar.

– Abra aí o seu e-mail.

Maroni leu a sentença. Em nove páginas, a juíza de direito Tatiana Vieira Guerra o inocentava do caso. O empresário não disse nada. Sentou-se ao pé da cama e chorou convulsivamente. Eram lágrimas de desabafo. Eram lágrimas de alegria.

Nunca a expressão "um filme passou pela sua cabeça" fez tanto sentido. Naquele momento – que ele não sabe se durou segundos, minutos ou horas –, o empresário relembrou uma a uma as piores fases de sua vida.

As perseguições que ele sempre acreditou ter sofrido, as prisões que para ele sempre foram injustas e todas as dificuldades financeiras que surgiram em decorrência desses problemas.

Quantas vezes ele acabou sendo objeto de chacota da mídia, ávida por mostrar as acusações a ele imputadas da maneira mais pitoresca e chamativa possível? Maroni lembrou-se de uma reportagem exibida pelo *Fantástico* em 2009, quando ele amargava a prisão pela terceira vez. O promotor Blat e a ex-namorada Vivian falavam, acusando-o de explorar a prostituição e, de quebra, de gravar intimidades de figurões – juízes, policiais e artistas – dentro de seu Bahamas.

Na reportagem e naquela manhã, em pensamentos, o empresário rebatia. Violar a privacidade de seus clientes seria um contrassenso, um tiro no pé, um absurdo à própria natureza do seu negócio.

A reportagem também dizia que ele era acusado de formação de quadrilha e poderia amargar até 21 anos atrás das grades. E veiculava trechos de gravações de conversas telefônicas que ele teve com a ex-namorada Vivian de dentro da prisão, quando esteve detido em 2007. A mulher afirmava, às câmeras do programa, que bastou um suborno de R$ 400 a um carcereiro para que Maroni tivesse o benefício do telefone.

"Vivian falou, falou, falou, inventou tantas histórias que acabou tendo seus minutos de fama, posou para a *Playboy* e conseguiu armar uma arapuca para que eu fosse preso...", refletia o empresário.

Maroni se lembrou de que na matéria ele aparecia com a barba raspada apenas pela metade. Foi na época em que ele fez o marcante protesto: de um lado o empresário, de outro o bandido. Entre lágrimas, ali, sentado ao pé da cama, conseguiu esboçar um sorriso: tinha sido sagaz.

A repercussão não foi só nacional. A imprensa estrangeira também destacou o caso. No americano *The Wall Street Journal*, as acusações ecoaram inclusive com o argumento de que seu hotel, próximo ao Aeroporto de Congonhas, era "dor de cabeça" para os pilotos.

Naquela manhã, Maroni relembrou o artigo 229 do Código Penal, cujo texto ele sabe de cor. "Manter, por conta própria ou de terceiro, estabelecimento em que ocorra a exploração sexual, haja, ou não, intuito de lucro ou mediação direta do proprietário ou gerente. Pena: reclusão, de dois a cinco anos, e multa." Por cinco vezes Maroni foi processado com base no artigo 229.

Em todas foi absolvido.

Em todas.

Em todas, agora podia dizer de boca cheia.

Foi uma semana em estado de euforia. Maroni contava para todo mundo. Amigos, familiares, funcionários. Para ele, o gosto da vitória só era completo se todos pudessem compartilhar do êxtase – como se fosse um menino que ganha a bicicleta nova e sai exibindo para a vizinhança.

O documento judicial afirma que "todo o conjunto probatório produzido sob o crivo do contraditório aponta no sentido da absolvição do réu", e frisa que Maroni esclarece ser "vítima de perseguição do promotor de Justiça José Carlos Blat".

A sentença cita que Vivian admitiu ser usuária de drogas na época do episódio e que teria sido convidada por Blat para prestar depoimento. "Juntamente com o promotor, ela teria arquitetado 'plano' para provocar a prisão de Oscar Maroni Filho", diz o documento, que aponta que a garota de programa afirmou ter se drogado durante o depoimento – em três ou quatro idas e vindas ao banheiro – e que a conversa havia sido induzida por Blat.

Vivian ainda revelou em juízo que foi o promotor que sugeriu a ela que marcasse um encontro com Maroni para que a prisão dele fosse viabilizada, "tendo trazido a imprensa". De acordo com o documento judicial, Blat teria se tornado "praticamente seu confidente", mantendo ambos contatos "quase diários" e que ele chegava a mandar "carros oficiais para buscá-la".

"Na hora, veio uma euforia muito grande. Depois fui tomado por revolta, asco, nojo de tudo isso", diz Maroni. "Porque começa a pular na minha cabeça tudo que sofri, o que fizeram comigo, os prejuízos tomados... Isso ninguém vai resolver."

# RELIGIÃO
## O magnata do prazer quer deixar seguidores

Aos 65 anos, Oscar Maroni gaba-se de carregar entre as pernas o órgão sexual mais usado do Brasil. Pelas suas estimativas, já teria transado com mais de 2.500 mulheres. Não que seja de anotar ou, como ele mesmo diz, "escrever o nome na cabeceira da cama". Mas é uma cifra calculada com base em mais de 20 anos de uma vida cheia de aventuras entre garotas de programa.

Com o prazer no âmago de seu dia a dia, o menino que estudou em escola católica – quando provocava professores com espinhosas questões muitas vezes contrárias à religião – se tornou o adulto que aprendeu a conviver com todos os tipos de pessoas, entre crenças e heresias. Depois de chegar a incluir um homem que se autodenomina a reencarnação de Jesus Cristo em um evento de luta, depois de erguer um império dedicado aos prazeres carnais, depois de chegar ao fundo do poço e ser preso diversas vezes, Maroni agora quer fundar uma religião.

Talvez seja uma artimanha para, enfim, gozar as benesses que nunca conseguiu como empresário. No Brasil, religião é negócio cheio de regalias: isenções fiscais e complacência de autoridades. Talvez seja só mais uma sacada de marketing do homem que gosta de polemizar.

"Eu e Jesus Cristo temos três pontos em comum: o amor ao próximo, o amor à liberdade e, bem, ele amava uma prostituta da época, Maria Madalena; eu amo todas as garotas de programa", enumera.

O Estado não pode negar a ele esse direito. Não existem requisitos doutrinários ou teológicos para a constituição de uma igreja, com CNPJ e tudo, nem a exigência de um número mínimo de fiéis. Basta o registro de uma assembleia de fundação e o estatuto social em cartório.

O parágrafo 1º do artigo 44 do Código Civil garante que "são livres a criação, a organização, a estruturação interna e o funcionamento das organizações religiosas, sendo vedado ao poder público negar-lhes reconhecimento ou registro dos atos constitutivos e necessários ao seu funcionamento".

Igrejas de qualquer culto, de acordo com o artigo 150 da Constituição, são isentas de impostos que incidam sobre o patrimônio, a renda e os serviços. Nesse rol estão o Imposto de Renda (IR), o Imposto sobre Operações Financeiras (IOF), o Imposto Predial e Territorial Urbano (IPTU), o Imposto sobre Serviços (ISS) e o Imposto sobre a Propriedade de Veículos Automotores (IPVA), entre outros. Seus ministros também ficam dispensados do Serviço Militar Obrigatório e, caso necessário, têm direito à prisão especial.

A igreja maroniana deve ter apenas quatro mandamentos: o respeito ao livre-arbítrio, o amor ao próximo, a atuação questionadora na política e o respeito aos direitos individuais.

"Quero fazer uma sociedade mais justa, mais livre. É o sentimento de injustiça que me motiva", diz o futuro grão-sacerdote. "Não preciso mais de dinheiro. Quero um mundo mais justo."

Ele ainda não sabe o nome. Pensa em Freedom ou, quem sabe, Homens Livres. Fã do roqueiro Raul Seixas, também cogita Sociedade Alternativa – como a apregoada pelo músico.

Maroni diz que sua doutrina estará escrita em um peculiar livro sagrado – que, infelizmente, não é este que você agora tem em mãos. A religião será baseada no hedonismo, "afinal o ser humano veio ao mundo para aproveitar os prazeres da vida", e sua bíblia – garante ele – será preparada por professores de alto gabarito das áreas de filosofia, teologia e psicologia.

"Não posso me basear em uma religião de dois mil anos atrás, de caras que ficavam no meio do deserto falando várias abobrinhas", resume. "Eu acredito na física, na química e na teoria da evolução de Darwin. E acredito também no amor ao próximo."

E aí, quem vai dizer amém?

# EPÍLOGO

Após oito anos de sofrimento, calafrios noturnos, insônia e até a possibilidade de se matar, mais uma reviravolta, duas novas vitórias para Maroni, quando este livro estava pronto para ir para impressão.

Havia já a vitória contra o ex-subprefeito da Vila Mariana Fábio Lepique, que dissera ser ilícita a atividade do Bahamas. Existia a vitória sobre o promotor José Carlos Blat e suas ações que levaram Maroni quatro vezes à cadeia de forma injusta. Também a vitória contra a perseguição do ex-prefeito Kassab e do ex-secretário da Habitação Orlando de Almeida.

"Toda essa palhaçada" – termo que Maroni pronuncia de boca cheia – "resultou em cinco absolvições. Ganhei todos os processos, sem exceção". "O fato não caracteriza crime" foi a decisão recorrente da lei nessas cinco ocasiões. O Bahamas Hotel Club recebeu alvará e voltou a funcionar normalmente como ícone na noite paulistana.

Mas o que chegou a tempo de entrar nesta publicação refere-se ao Oscar Hotel, empreendimento ao lado do Bahamas Hotel Club.

Em março de 2017 saiu um documento da Aeronáutica, feito após análise com aeronaves especializadas e equipamentos que determinam se imóveis colocam em risco aeroportos em território brasileiro. Após dois voos de análise feitos em dias diferentes, concluiu-se técnica e cientificamente que o Oscar Hotel não oferece risco ao aeroporto de Congonhas nem às aeronaves que dele saem ou nele aterrissam.

Além dessa, a outra vitória. O site Conjur, em 18 de abril de 2017, mostrou uma conquista de Maroni, referendada pelo STJ - Superior Tribunal de Justiça em decisão oito dias antes. Diz o site:

"A jurisprudência do Superior Tribunal de Justiça é clara: só pode ser considerado casa de prostituição o estabelecimento dedicado exclusivamente a promover sexo pago. Por isso, o ministro Rogério Schietti, da 6ª Turma do Tribunal, manteve a absolvição do empresário Oscar Maroni, acusado de "manter casa de prostituição" e de "facilitar ou induzir a prostituição alheia" no Hotel Balneário Bahamas, em São Paulo.

(...)

Na decisão do dia 10, o ministro Schetti escreveu que o acórdão do TJ-SP deixou claro que, embora haja prostituição no Bahamas, outras atividades acontecem ali, "o que, na linha dos precedentes e entendimentos citados, inviabilizada o restabelecimento da sentença condenatória".

Maroni diz: "A justiça foi feita. Agora é hora de quem teve atitudes irresponsáveis arcar com as consequências".

# APÊNDICE

Anexamos a seguir a grande vitória de Oscar Maroni na Justiça. Mais que uma absolvição, o triunfo da verdade e de Maroni frente a seus detratores.

O COLECIONADOR DE EMOÇÕES

fls. 1

**TRIBUNAL DE JUSTIÇA DO ESTADO DE SÃO PAULO**
COMARCA DE SÃO PAULO
FORO CENTRAL CRIMINAL BARRA FUNDA
27ª VARA CRIMINAL
AV. ABRAHÃO RIBEIRO, 313, São Paulo - SP - CEP 01133-020
Horário de Atendimento ao Público: das 12h30min às19h00min

## SENTENÇA

Processo Físico nº: 0056137-37.2009.8.26.0050
Classe - Assunto: Inquérito Policial - Crimes Contra a Administração da Justiça
Autor: Justiça Pública
Réu: OSCAR MARONI FILHO

Juiz(a) de Direito: Dr(a). Tatiana Vieira Guerra

Vistos.

**OSCAR MARONI FILHO**, qualificado nos autos, foi denunciado como incurso nas sanções do art. 344 do Código Penal, porque no período compreendido entre o final de junho e o dia 14 de julho de 2009, em horário indeterminado, nesta cidade e comarca de São Paulo, teria usado de grave ameaça, com o fim de favorecer interesse próprio ou alheio, contra a vítima Vivian ▮▮▮▮, testemunha do processo judicial criminal que a Justiça pública movia contra o próprio Oscar Maroni Filho, na 5ª Vara Criminal de São Paulo.

Em síntese, depreende-se da denúncia que o acusado respondia por delito contra os costumes, perante a 5ª Vara Criminal de São Paulo, sendo que a vítima era testemunha naquele processo.

Ciente de tal fato e objetivando que a ofendida não prestasse depoimento contra si, narra o Ministério Público que OSCAR MARONI FILHO passou a procurar a vítima por meio de telefonemas e mensagens de texto.

Segundo se extrai da inicial acusatória, em algumas das mensagens o acusado teria afirmado que se a ofendida testemunhasse contra

0056137-37.2009.8.26.0050 - lauda 1

**TRIBUNAL DE JUSTIÇA DO ESTADO DE SÃO PAULO**
COMARCA DE SÃO PAULO
FORO CENTRAL CRIMINAL BARRA FUNDA
27ª VARA CRIMINAL
AV. ABRAHÃO RIBEIRO, 313, São Paulo - SP - CEP 01133-020
Horário de Atendimento ao Público: das 12h30min às19h00min

ele, "iria se ferrar", sendo que traria testemunhas de suas mentiras e apresentaria para a imprensa as gravações que possuía, as quais, em tese, provariam que a vítima e alguns de seus familiares o estavam chantageando e, ainda, que a ofendida fazia uso de drogas.

Por fim, consta da denúncia que mensagens teriam sido enviadas dois dias antes de a ofendida prestar depoimento naquele processo e, mesmo depois de ter prestado depoimento, o réu teria procurado a vítima visando que ela se retratasse do que havia dito em Juízo.

A denúncia foi recebida em 01 de fevereiro de 2012 (fls. 311), tendo o réu sido regularmente citado (fls. 408/410) e apresentado resposta à acusação às fls. 413/422. Às fls. 432 foi ratificado o recebimento da inicial acusatória.

Durante a instrução probatória, foram ouvidas a vítima e testemunhas, sendo que, ao final, o réu foi interrogado.

Em sede de alegações finais, o Ministério Público pugnou pela absolvição do réu, bem como pela extração de cópias dos autos para instruir procedimento próprio em que será analisada a eventual prática de crimes por parte de Vivian ███████ (fls. 632/640).

A defesa, a seu turno, apresentou alegações finais às fls. 643/652, em que pleiteou a absolvição do réu, nos termos do artigo 386, inciso III, do Código de Processo Penal, bem como fosse atendido o requerimento do Ministério Público constante do último parágrafo de fls. 640.

0056137-37.2009.8.26.0050 - lauda 2

O COLECIONADOR DE EMOÇÕES

**TRIBUNAL DE JUSTIÇA DO ESTADO DE SÃO PAULO**
COMARCA DE SÃO PAULO
FORO CENTRAL CRIMINAL BARRA FUNDA
27ª VARA CRIMINAL
AV. ABRAHÃO RIBEIRO, 313, São Paulo - SP - CEP 01133-020
Horário de Atendimento ao Público: das 12h30min às19h00min

É o breve relatório.

D E C I D O.

A acusação é improcedente.

A propósito, todo o conjunto probatório produzido sob o crivo do contraditório aponta no sentido da absolvição do réu, uma vez que os fatos narrados na inicial não encontram respaldo em quaisquer elementos, sendo incapazes, portanto, de conduzir a um decreto condenatório.

O acusado negou em Juízo que tenha praticado qualquer coação no curso do processo em tramitação junto à 5ª Vara Criminal de São Paulo, tendo esclarecido, entre outras circunstâncias, que é vítima de perseguição do Promotor de Justiça José Carlos Blat e que, em razão dessa perseguição, está hoje falido.

Segundo o acusado, recebeu uma ligação de Vivian, na qual ela relatou que estava em uma situação muito delicada, pensando seriamente em praticar suicídio, motivo pelo qual precisava vê-lo. Disse que a mãe de Vivian também solicitou sua ajuda.

Extrai-se do interrogatório, que marcaram (o réu e Vivian) de se encontrarem em um Mc Donald's, mas na manhã do encontro recebeu novo telefonema de Vivian, que lhe solicitou fosse buscá-la, uma vez que o seu veículo não estava funcionando. Ao comparecer no condomínio de Vivian, solicitou que a recepcionista o anunciasse e, depois de passados mais de dez minutos sem que Vivian aparecesse, informou que estava com pressa e que estava indo embora. Afirmou que, neste momento, policiais o prenderam, sob a alegação de que estaria intimidando testemunha no curso do processo. Questionado sobre o teor

0056137-37.2009.8.26.0050 - lauda 3

**TRIBUNAL DE JUSTIÇA DO ESTADO DE SÃO PAULO**
COMARCA DE SÃO PAULO
FORO CENTRAL CRIMINAL BARRA FUNDA
27ª VARA CRIMINAL
AV. ABRAHÃO RIBEIRO, 313, São Paulo - SP - CEP 01133-020
Horário de Atendimento ao Público: das 12h30min às19h00min

de mensagem constante dos autos, informou que a referida mensagem não se relacionava com o processo criminal, mas com a relação amorosa que havia terminado.

A própria vítima e as testemunhas ouvidas durante a instrução processual corroboram a versão dada pelo acusado em seu interrogatório.

Vivian ███████ esclareceu, entre o mais, que foi namorada do réu, confirmando que foi testemunha em um processo em que o réu era acusado de outro crime, cujo trâmite se deu junto à 5ª Vara Criminal de São Paulo. Asseverou que não sofreu qualquer tipo de pressão por parte do réu, antes ou depois do seu depoimento naqueles autos, para que viesse a depor de determinada maneira.

Segunda ela, estava separada do acusado quando prestou o depoimento, razão pela qual sentia que estava agindo de forma um tanto quanto vingativa em relação a ele. Estava usando drogas na ocasião, de sorte que seu estado emocional acabou gerando acusações em desfavor do réu que não condizem com a verdade.

Esclareceu que havia ido depor em um processo, e foi convidada para prestar esclarecimentos pelo Promotor de Justiça José Carlos Blat. Contou que, juntamente com o Promotor, teria engendrado "plano" para provocar a prisão de Oscar Maroni Filho.

Disse que o Promotor de Justiça em questão induziu a conversa, sendo que usou drogas durante o seu depoimento, tendo ido ao banheiro para fazer isso, sendo que, segundo ela, era visível que estava sob

0056137-37.2009.8.26.0050 - lauda 4

**TRIBUNAL DE JUSTIÇA DO ESTADO DE SÃO PAULO**
COMARCA DE SÃO PAULO
FORO CENTRAL CRIMINAL BARRA FUNDA
27ª VARA CRIMINAL
AV. ABRAHÃO RIBEIRO, 313, São Paulo - SP - CEP 01133-020
Horário de Atendimento ao Público: das 12h30min às19h00min

efeito de drogas quando retornava para prosseguir com o depoimento.

Afirmou que usou drogas 3 ou 4 vezes durante o seu depoimento, sendo que o Promotor de Justiça José Carlos Blat sabia que fazia uso de drogas, haja vista que chegou até mesmo a oferecer-lhe tratamento.

Informou que lhe foi apresentado um mandado de prisão, e que o Promotor em comento teria dito que se tratava de mandado em desfavor de Oscar Maroni, mas que necessitava de seu depoimento para provar que Oscar a estava coagindo para, então, poder efetivar a prisão. Em razão disso, o Promotor sugeriu que marcasse um encontro com o réu para tomarem um café, com vistas a viabilizar a prisão dele, tendo trazido a imprensa.

Disse estar ciente de que as suas afirmações poderiam implicar consequências futuras, haja vista que retratavam fatos ilícitos. Prosseguiu afirmando que o réu a contatava, realmente, mas apenas querendo alertá-la e orientá-la sobre os erros de sua conduta, seu uso de drogas, etc.

No dia da prisão em flagrante, disse que o Promotor trouxe a polícia e testemunhas ao local, com vistas a viabilizar o flagrante. Disse que o Promotor virou, praticamente, seu confidente. O conheceu quando foi chamada para prestar depoimentos em uma precatória, não sabendo dizer, contudo, se o local era o Ministério Público, um fórum ou uma delegacia. Posteriormente, o Promotor de Justiça José Carlos Blat ligou e a convidou para prestar esclarecimentos, sendo que foi, no total, por cerca de 4 vezes ao MP. O Promotor mandava carros oficiais para buscá-la. Disse, ainda, que o Promotor a induziu a prestar depoimento contra o réu, e que mantinha contatos com ele quase diários. Certa vez, o Promotor de Justiça trouxe o repórter Roberto Cabrini para

0056137-37.2009.8.26.0050 - lauda 5

**TRIBUNAL DE JUSTIÇA DO ESTADO DE SÃO PAULO**
COMARCA DE SÃO PAULO
FORO CENTRAL CRIMINAL BARRA FUNDA
27ª VARA CRIMINAL
AV. ABRAHÃO RIBEIRO, 313, São Paulo - SP - CEP 01133-020
Horário de Atendimento ao Público: das 12h30min às19h00min

acompanhar seu depoimento, tendo esclarecido que, apesar do teor do depoimento, as palavras não eram suas, tendo sido induzida a fornecer as narrativas por José Carlos Blat. Por fim, afirmou, também, que contou a sua mãe que estavam armando para prender Oscar Maroni Filho.

A mãe da ofendida Vivian, ███████████, esclareceu, entre outras circunstâncias, que contatou o réu Oscar Maroni para que este socorresse sua filha. Disse que sua filha iria depor a favor do réu em um processo e que ela (sua filha) havia tido um relacionamento amoroso com o acusado. Afirmou desconhecer o fato de que o réu teria chantageado sua filha e não se recorda de Vivian ter dito que iria depor contra Oscar em algum processo.

Disse que embora soubesse de algumas gravações feitas pelo réu e que este as apresentaria para um Delegado, não sabia dizer qual era o teor das referidas gravações. Explanou que o réu pagava a clínica de reabilitação de Vivian e informou que pediu ajuda ao réu para impedir que sua filha viesse a cometer um suicídio. Relatou que sua filha lhe contou que estava sendo chantageada e que, por conta disso, estava conversando com um Promotor de Justiça, sendo que se utilizava do carro do réu para ir até o MP. Por fim, disse que sua filha Vivian havia dito que assinou um documento em cartório e que o referido documento era uma armação.

Maria José de Moura, testemunha ouvida nos autos, disse que trabalhava como recepcionista no prédio em que Vivian ████████ morava. Relatou que viu o réu umas 2 vezes no local, embora não se recorde de ter visto brigas entre ele e Vivian. Estava presente no dia da prisão, mas não viu qualquer briga entre ambos. Disse que na ocasião da prisão, o réu não chegou a entrar no condomínio, não se recordando se houve ordem de Vivian para que ele não

**TRIBUNAL DE JUSTIÇA DO ESTADO DE SÃO PAULO**
COMARCA DE SÃO PAULO
FORO CENTRAL CRIMINAL BARRA FUNDA
27ª VARA CRIMINAL
AV. ABRAHÃO RIBEIRO, 313, São Paulo - SP - CEP 01133-020
Horário de Atendimento ao Público: das 12h30min às19h00min

entrasse. Informou que policiais compareceram no local e efetuaram a prisão do acusado, sendo que nunca houve reclamação por parte de Vivian em relação a Oscar e que o réu foi preso logo depois de chegar ao local.

Por fim, a testemunha Fernando Quibao nada soube esclarecer em relação, especificamente, aos fatos trazidos no bojo destes autos, embora tenha presidido inquérito policial em que figurava como averiguado Roberto Cabrini e, durante o inquérito, tenha surgido o nome de Oscar Maroni Filho, uma vez que o repórter havia se envolvido no fechamento da casa Bahamas.

As declarações de Vivian elucidam boa parte dos motivos pelos quais a acusação improcede, tendo em vista que a referida vítima deixou nítida a circunstância de que as acusações que levantou em desfavor de Oscar Maroni Filho eram falsas, especialmente no que se refere à suposta coação que o réu teria desempenhado.

As versões fáticas apresentadas pela ofendida e pelas testemunhas convergem e estão de acordo com o contexto apresentado pelo acusado, não havendo margem para quaisquer interpretações diversas de outros elementos constantes dos autos, senão aquela que conduz à inocência do réu.

Os autos padecem de prova acerca da materialidade delitiva, haja vista que as conversas mantidas por Oscar Maroni Filho com Vivian não permitem concluir que aquele estivesse imbuído do *animus* de coagi-la a depor neste ou naquele sentido, tampouco fazê-la se retratar de determinado depoimento que tivesse prestado.

Para além do elemento subjetivo, há que se destacar

0056137-37.2009.8.26.0050 - lauda 7

**TRIBUNAL DE JUSTIÇA DO ESTADO DE SÃO PAULO**
COMARCA DE SÃO PAULO
FORO CENTRAL CRIMINAL BARRA FUNDA
27ª VARA CRIMINAL
AV. ABRAHÃO RIBEIRO, 313, São Paulo - SP - CEP 01133-020
Horário de Atendimento ao Público: das 12h30min às19h00min

também a ausência de provas que atestem tenha Vivian ▓▓▓▓▓▓ sofrido violência ou grave ameaça, elementares estas imprescindíveis à caracterização do tipo penal.

Ora, se não há nos autos elementos capazes de demonstrar violência ou grave ameaça por parte de Oscar Maroni Filho, tampouco que eventual violência ou grave ameaça tenham sido utilizadas com o especial fim de agir previsto no artigo 344 do Código Penal, não se autoriza outra conclusão, senão a de que se está diante de fatos atípicos.

É que, conforme leciona Cleber Masson, no crime previsto no artigo 344 do CP, "Não basta usar de violência ou grave ameaça contra autoridade, parte, ou qualquer outra pessoa que funciona ou é chamada a intervir em processo judicial, policial ou administrativo, ou em juízo arbitral. É imprescindível fazê-lo tendo em mira o favorecimento de interesse próprio ou alheio, relacionado à administração da Justiça. Se o sujeito agir com finalidade diversa, ou seja, estranha ao andamento dos mencionados feitos, não se caracterizará o crime previsto no art. 344 do CP."[1]

Assim, diante de todos os elementos de prova colhidos sob o crivo do contraditório, somados às próprias alegações finais do Ministério Público, que versam no sentido de pugnar pela improcedência da denúncia, chega-se à conclusão de que o réu deve ser absolvido.

Ante o exposto, julgo improcedente a acusação e, com fundamento no art. 386, inciso III, do Código de Processo Penal, absolvo OSCAR MARONI FILHO, qualificado nos autos, da imputação contida na denúncia.

---

[1] Código Penal comentado / Cleber Masson. 2. ed. rev., atual. e ampl. - Rio de Janeiro: Forense; São Paulo: MÉTODO, 2014, p. 1360.

O COLECIONADOR DE EMOÇÕES

fls 9

**TRIBUNAL DE JUSTIÇA DO ESTADO DE SÃO PAULO**
COMARCA DE SÃO PAULO
FORO CENTRAL CRIMINAL BARRA FUNDA
27ª VARA CRIMINAL
AV. ABRAHÃO RIBEIRO, 313, São Paulo - SP - CEP 01133-020
**Horário de Atendimento ao Público: das 12h30min às19h00min**

Por oportuno, defiro o pedido formulado pelo Ministério Público nos dois últimos parágrafos de fls. 340, determinando à Serventia sejam tomadas as providências necessárias para os fins ali pretendidos.

P.R.I.C.

São Paulo, 29 de novembro de 2016.

DOCUMENTO ASSINADO DIGITALMENTE NOS TERMOS DA LEI 11.419/2006,
CONFORME IMPRESSÃO À MARGEM DIREITA

0056137-37.2009.8.26.0050 - lauda 9

MINISTÉRIO PÚBLICO DO ESTADO DE SÃO PAULO
**6ª PROMOTORIA DE JUSTIÇA CRIMINAL DE SÃO PAULO**

Autos Nº 0056137-37.2009.8.26.0050

Ante todo o exposto, a Promotoria de Justiça requer a **improcedência** da presente ação penal, com a **ABSOLVIÇÃO** do acusado **OSCAR MARONI FILHO** referente à imputação descrita na denúncia.

Observo que, inequivocamente, a vítima Vivian faltou com a verdade, quer ao depor em delegacia e no processo original, quer ao depor neste feito, tendo em tese cometido os crimes de falso testemunho ou denunciação caluniosa, de modo que sua conduta tem de ser analisada em outro feito. Observo, ainda, que apesar de a testemunha não possuir credibilidade diante de tantas versões por ela apresentadas, é certo que não se pode ignorar que ela afirma que assim agiu orientada por Promotor de Justiça, não possuindo a subscritora da presente atribuição para lançar manifestação sobre o quanto alegado, nesta situação.

Requeiro, assim, extração de cópias da denúncia, do auto de prisão em flagrante (fls. 02/13), de fls. 15/19, de fls. 52/60, 61/76, 79/96, 117/120, 129/131, 157/194, 210/243, 270/272, 297, 424/426, 428/431, 507, bem como dos depoimentos colhidos nestes autos por meio audiovisual (fls. 524, precatória de fls.587 e fls. 631), e remessa ao Setor de Competência Originária da Procuradoria Geral de Justiça do Estado de São Paulo, para análise.

São Paulo, 02 de novembro de 2015.

**MARCIA LEITE MACEDO**
**Promotora de Justiça**

Fabio Luiz Biscardi
Analista de Promotoria

## Visite nosso site e conheça estes e outros lançamentos

## www.matrixeditora.com.br

**Cabo Anselmo** | José Anselmo dos Santos

Cabo Anselmo é um dos nomes mais emblemáticos nos episódios que levaram à tomada do poder pelos militares em 1964. Seria ele um traidor hediondo, como a esquerda o qualifica, por ter abandonado um movimento cujo objetivo era a instalação de uma ditadura comunista? Ou será que ele manteve lealdade à pátria e às Forças Armadas que jurou defender? Nessa obra o próprio Cabo Anselmo responde a essas e a outras questões que cercam seu nome.

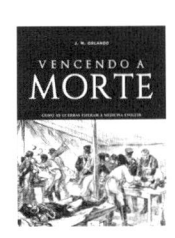

**Vencendo a Morte** | J. M. Orlando

Até bem pouco tempo, morria-se mais em uma guerra não por conta do ferimento em si, mas pelas infecções advindas da falta de conhecimento necessário para prover o adequado tratamento da ferida de batalha. As diversas batalhas trouxeram avanços significativos para a Medicina militar e, em breve intervalo de tempo, passaram também a beneficiar a população civil. *Vencendo a Morte* mostra essas conquistas, com base em pesquisa histórica minuciosa, só comparável às poucas – e melhores – obras do gênero publicadas no mundo, sem similar em nosso país.

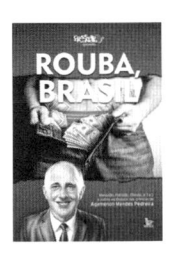

**Rouba, Brasil** | Agamenon Mendes Pedreira

Esse livro é um escândalo de bom. A turma do Casseta & Planeta está de volta, agora com mais uma obra de Agamenon Mendes Pedreira, personagem criado pelos humoristas Hubert Aranha e Marcelo Madureira. O velho lobo do jornalismo comenta em crônicas publicadas nos mais importantes veículos da imprensa as mais recentes falcatruas da política brasileira e a maior pedalada do esporte nacional. É como se fosse uma aula de história da surrupiação. Um autêntico livro "rouba, mas faz". Rouba a sua atenção e faz você rir muito.

**Fêmea Alfa** | Nalini Narayan

Uma praticante de sexo grupal decidiu contar sua vida de orgias. O resultado é esse livro. Uma obra que fará você questionar a liberdade dos sentimentos, a forma como as pessoas se relacionam afetivamente, a sua sexualidade e a dos outros. Um mundo de prazeres como você nunca viu.

MATRIX